A ARTE
DE ENVELHECER

Franco Volpi é professor de Filosofia na Universidade de Pádua e professor visitante permanente na Universidade de Staffordshire (Grã--Bretanha). Para a editora Adelphi, de Milão, coordenou a edição italiana da obra póstuma de Schopenhauer e das obras de Heidegger. Para a alemã C. H. Beck, organizou as seguintes obras do filósofo: *Die Kunst, glücklich zu sein* (bsr 1369) [*A arte de ser feliz*, São Paulo, WMF Martins Fontes, 2001]; *Die Kunst zu beleidigen* (bsr 1465) [*A arte de insultar*, São Paulo, WMF Martins Fontes, 2003]; *Die Kunst, mit Frauen umzugehen* (bsr 1545) [*A arte de lidar com as mulheres*, São Paulo, WMF Martins Fontes, 2010, 2ª ed.]; *Die Kunst, sich selbst zu erkennen* (bsr 1719) [*A arte de conhecer a si mesmo*, São Paulo, WMF Martins Fontes, 2009].

A ARTE DE ENVELHECER

ou
SENILIA

Arthur Schopenhauer

Baseado na transcrição de
ERNST ZIEGLER

Organização e introdução de
FRANCO VOLPI

Tradução
KARINA JANNINI

SÃO PAULO 2017

Esta obra foi publicada originalmente em alemão com o título
DIE KUNST, ALT ZU WERDEN!
por Verlag C.H. Beck
Copyright © Verlag C. H. Beck OHG, Munique, 2009
Copyright © 2012, Editora WMF Martins Fontes Ltda.,
São Paulo, para a presente edição.

1ª edição 2012
2ª edição 2016
2ª tiragem 2017

Tradução
KARINA JANNINI

Acompanhamento editorial
Luzia Aparecida dos Santos
Revisões gráficas
Veridiana Cunha
Márcia Leme
Edição de arte
Katia Harumi Terasaka
Produção gráfica
Geraldo Alves
Paginação
Studio 3 Desenvolvimento Editorial

Dados Internacionais de Catalogação na Publicação (CIP)
(Câmara Brasileira do Livro, SP, Brasil)

Schopenhauer, Arthur, 1788-1860.
 A arte de envelhecer, ou, Senilia / Arthur Schopenhauer ; baseado na transcrição de Ernst Ziegler ; organização e introdução de Franco Volpi ; tradução Karina Jannini. – 2ª ed. – São Paulo : Editora WMF Martins Fontes, 2016. – (Obras de Schopenhauer)

Título original: Die Kunst, Alt Zu Werden!
ISBN 978-85-469-0070-1

1. Envelhecimento 2. Filosofia alemã I. Ziegler, Ernst. II. Volpi, Franco. III. Título. IV. Título: Senilia. V. Série.

16-03012	CDD-193

Índices para catálogo sistemático:
1. Filosofia alemã 193

Todos os direitos desta edição reservados à
Editora WMF Martins Fontes Ltda.
Rua Prof. Laerte Ramos de Carvalho, 133 01325-030 São Paulo SP Brasil
Tel. (11) 3293-8150 Fax (11) 3101-1042
e-mail: info@wmfmartinsfontes.com.br http://www.wmfmartinsfontes.com.br

Sumário

Introdução – "Quando o Nilo chega ao Cairo",
por Franco Volpi... VII
Cronologia XXXI

A ARTE DE ENVELHECER 1

Senilia 3

Introdução

"Quando o Nilo chega ao Cairo"
por Franco Volpi

1. *Um manuscrito inédito:*
as últimas palavras de Schopenhauer

Entre os papéis deixados pelo idoso Schopenhauer encontra-se um volume com mais de 200 páginas, das quais 150 estão inteiramente preenchidas. É o último dos chamados livros manuscritos, uma espécie de testamento filosófico, cujo *incipit* diz: "Este livo chama-se *Senilia* e foi iniciado em Frankfurth a. M., em abril de 1852."

Por cerca de oito anos e meio até sua morte, que o levou inesperadamente em 21 de setembro de 1860, o velho pensador reuniu nessa obra, dia após dia, os frutos de suas meditações regulares: citações, reflexões, lembranças, conjecturas científicas, observações psicológicas, insultos e tiradas contra seus adversários, esboços e planejamentos, regras de comportamento e máximas de vida. São as últimas gotas de sabedoria que o filosofar lhe oferece: um medicamento espiritual, que torna sua velhice suportável e até agradável. Ele o carrega consigo como auxílio na aproximação inevitável da *ultima linea rerum* e na sensação, aceita com tranquilidade, de que "o Nilo está chegando ao Cairo"[1].

No entanto, sabemos muito bem que, na realidade, a filosofia não resolve os problemas. Quando muito, ensina a vivenciá-los em determinado nível. No que se refere à vida, mãe de todos os problemas, desde a juventude Schopenhauer tinha ideias claras: apenas os tolos esperam até ficar velhos e doentes para refletir sobre a miséria da *conditio humana*. A Wieland, o "Voltaire alemão", que, por ocasião de seu primeiro encontro com Schopenhauer, em 1811, lhe desaconselhara tomar o caminho acidentado e inseguro da filosofia, ele esclareceu: "A vida é uma coisa desagradável; decidi passá-la refletindo sobre ela."[2]

2. *Cético e pessimista...*

Em sua obra mais importante, *O mundo como vontade e representação*, Schopenhauer esboçou com coerência um sistema filosófico do pessimismo, no qual concebe a vida como mera aparência e manifestação da "coisa em si". Contudo, diferentemente de Kant e dos pós-kantianos, ele não deixa esse conceito sem definição, como uma fronteira insuperável das argumentações metafísi-

---

1. Cf. A. Schopenhauer, *Sämtliche Werke*, organizado por A. Hübscher, vol. I, p. 121. Para os dados bibliográficos completos das obras citadas, ver a lista das edições utilizadas, pp. 20-1.

2. A. Schopenhauer, *Gespräche*, p. 22.

cas; ao contrário, define a coisa em si como vontade: não no sentido da disposição individual, pela qual o sujeito se afirma e se impõe, e sim no sentido de uma força cega, irracional e insondável, que tudo governa e que é a origem de tudo. A vida que surge a partir de uma vontade assim formada não pode servir a nenhum objetivo nem ter um sentido racional. Toda conveniência, toda teleologia, toda ordem e organização que nela acreditamos reconhecer mostram-se ilusórias. Elas formam a miragem contínua da existência, o ofuscamento inevitável, que provê todo projeto e toda missão de vida com a ilusão de um significado. Na verdade, apenas exprimem a manifestação inesgotável e inevitável da vontade, à qual o ser humano tenta, em vão, impor uma forma. A vida consiste em privação, miséria, necessidade, preocupação e cuidado, tensão e ambição, esforço e dor. E quando, por um momento, parece contentar-se ao alcançar um objetivo ou satisfazer uma exigência, logo em seguida, tão logo isso acontece, sobrevêm, repentinamente, a sensação de saciedade e a monotonia. Esta última é uma sensação reveladora, que se apresenta quando menos esperada, para nos lembrar que a vida é uma nulidade vazia de conteúdo e de significado.

A conclusão de Schopenhauer é radical: *a vida não é bela*; ela oscila continuamente entre a dor e a monotonia. Para tornar esse destino ainda mais cruel e tormentoso, sobre toda existência individual paira a certeza da derrota final. E quando, então, cresce a consciência, aumenta também a dor. O filósofo, que a inteligência sentencia à consciência plena, está inelutavelmente condenado a ser infeliz: *qui auget scientiam, auget et dolorem*, já declamava o Eclesiastes (I, 18). Ao final da existência, quer ela tenha sido boa, quer ruim, alegre ou infeliz, suntuosa ou miserável, o balanço já está feito: "A vida é um negócio que não cobre seus custos."[3]

3. ... *no entanto, inesperadamente feliz*

Porém, nada é mais incerto do que a vida. Nada pode nos surpreender tanto, no bom e no ruim, na alegria e na tristeza. É o que também experimenta o mestre do pessimismo. Contra e além de todas as expectativas, o último período da vida reserva-lhe uma profusão de satisfações e realizações. As derrotas e humilhações sofridas na juventude, a carreira acadêmica, que fracassou devido à oposição ferrenha de Hegel, o silêncio persistente e duradouro, com o qual os filósofos universitários ignoraram sua obra – tudo isso esvaece nos anos da velhice, transformando-se em uma recordação que já não perturba seriamente seu ânimo. Como compensação das injustiças sofridas, surgiu – tarde, mas a tempo – o que, com irônica distância, ele chamou de "comédia da minha fama"[4].

---

3. A. Schopenhauer, *Die Welt als Wille und Vorstellung*, in: *Sämtliche Werke*, organizado por A. Hübscher, vol. III, pp. 271, 403.

4. A. Schopenhauer, *Gespräche*, p. 306.

Uma comédia quase interminável. Desde que Jean Paul, em sua obra *Kleine Bücherschau* [Pequena mostra de livros], apresentou o primeiro volume de *O mundo como vontade e representação*, as poucas mas benevolentes palavras do escritor romântico repercutiram como uma pequena pedra lançada em um lago: o renome de Schopenhauer começara a se expandir irrefreavelmente como uma onda concêntrica.

O primeiro sinal de que o destino estava mudando e de que a fortuna estava começando a sorrir para o pessimista universal tornou-se visível com o sucesso de sua proposta de incluir nas obras completas de Kant, na época em preparação, a primeira edição da *Crítica da razão pura*, e não a segunda, que, segundo ele, fora deturpada pelas intervenções do encanecido Kant. Sua defesa, contida em uma *"epistula exhortatoria"* de 24 de agosto de 1837 e que termina com um *"dixi et animam salvavi"*, foi acolhida pelos dois editores, Karl Rosenkranz e Wilhelm Schubert. Ambos eram professores universitários em Königsberg, ou seja, pertenciam à "corporação maldita" que, até aquele momento, o condenara ao ostracismo.

Em 1839, a Real Sociedade Norueguesa de Ciências, em Trondheim, premiou seu texto *Über die Freiheit des menschlichen Willens* [Sobre a liberdade da vontade humana]. Em 1844, foi publicada a segunda edição de *O mundo como vontade e representação*, sua principal obra, que em 1819 praticamente não fora vendida e acabara sendo transformada em maculatura. Em 1847, seu trabalho de doutorado, intitulado *Über die vierfache Wurzel des Satzes vom zureichenden Grunde* [Sobre a quádrupla raiz do princípio da razão suficiente], também foi impresso em uma edição consideravelmente ampliada.

Em 1851, foram publicados os *Parerga e paralipomena*, cujo primeiro volume continha os perspicazes e fascinantes *Aforismos sobre a sabedoria de vida*. Embora a obra tenha sido publicada por um editor desconhecido, logo se impôs como uma das leituras filosóficas mais apreciadas de sua época. Seu sucesso deveu-se especialmente a dois pareceres lisonjeiros, feitos por John Oxenford (1812-1877), respeitado crítico inglês, que primeiro falou da obra na *Westminster Review* (1852) e depois publicou um ensaio, intitulado Iconoclasm in German Philosophy (1853), no qual exaltou Schopenhauer como o escritor "mais genial, inteligente e divertido" e comparou sua filosofia às nebulosas metafísicas do idealismo alemão. Ambos os artigos, que foram traduzidos para o alemão por Ernst Otto Lindner para a *Vossische Zeitung* de Berlim, firmaram seu reconhecimento definitivo na Alemanha. Na renomada *Revue des deux mondes*, também foi publicada uma recensão assinada por Saint René Taillandier (1856). Pouco depois veio o famoso artigo de Francesco De Sanctis, *Schopenhauer e Leopardi* (1858)[5].

---

5. *Rivista contemporanea 15* (1858), pp. 369-408, reimpressa em *Jahrbuch der Schopenhauer-Gesellschaft 14* (1927), pp. 131-76, com tradução alemã no apêndice (pp. 177-215); em seguida, em Francesco De Sanctis, *Saggi critici*, organizado por Luigi Russo, vol. II, Bari, Laterza, 1952, pp. 115-60.

De todos os lados, em um contínuo crescendo, começaram a chover sobre ele louvores e homenagens, que por tanto tempo a vida lhe negara. A multidão de estudantes, admiradores e leitores tornava-se cada vez maior e mais persuadida. Em 1853, Johann Eduard Erdmann acrescentou à sua abrangente história da filosofia, *Die Entwicklung der deutschen Spekulation seit Kant* [O desenvolvimento da especulação alemã desde Kant], um capítulo inteiro sobre o pensamento de Schopenhauer. Em 1854, Richard Wagner dedicou-lhe o *Anel do Nibelungo* "como homenagem e gratidão" por tudo aquilo que sua música devia ao *Mundo como vontade e representação*. No mesmo ano, o texto *Über den Willen in der Natur* [Sobre a vontade na natureza] e o tratado *Über das Sehn und die Farben* [Sobre a visão e as cores] foram reimpressos. Em 1856, a Faculdade de Filosofia da Universidade de Leipzig abriu um concurso para a melhor apresentação crítica de sua filosofia. Em maio de 1857, Friedrich Hebbel foi a Frankfurt para conhecê-lo pessoalmente. Em 1858, por ocasião de seu aniversário de 70 anos, a Real Academia de Ciências de Berlim propôs-lhe a nomeação de membro titular, porém, como nesse ínterim já adquirira fama, ele se permitiu recusar esse luxo. Logo em seguida, foi publicada a terceira edição de *O mundo como vontade e representação*, pela qual, desta vez, ele até recebeu um honorário.

Com a fama mundial cresceu o interesse por sua pessoa. Pintores conhecidos – como Jules Lunteschütz, Julius Hamel e Angilbert Göbel – se candidataram para retratá-lo:

em busto, como ele desejava, pois, uma vez que obtivera a fama com suas criações intelectuais, estava convencido de que sobretudo sua cabeça deveria ser retratada. Como filósofo do momento, Schopenhauer também se deixou eternizar em alguns daguerreótipos, que começaram a circular naqueles primórdios da fotografia.

Dulcis in fundo: em outubro de 1859, apresentou-se em sua casa a graciosa escultora Elisabeth Ney. Após ter modelado celebridades de sua época, como Alexander von Humboldt, Jacob Grimm e Karl August Varnhagen von Ense, ela queria produzir um busto do famoso pessimista universal. O velho filósofo depôs sua rude resistência inicial e deixou-se conquistar. Satisfeito, escreveu a Ottilie von Goethe que Ney era uma jovem "de 24 anos, muito bonita e indescritivelmente amável e original": além de retratá-lo, com sua graça ela preenchia os últimos dias que a vida lhe concedia[6]. Ao músico Robert von Hornstein, contou satisfeito: "Ela trabalha o dia inteiro a meu lado. Quando volto do almoço, tomamos café juntos e ficamos sentados um perto do outro no sofá; sinto-me como se estivesse casado."[7] E alcançou o ápice do contentamento quando, para cativá-lo, ela lhe propôs fazer uma escultura também de seu *poodle*, que o velho filósofo amava como a um ser humano.

Assim, na velhice, o "Kaspar Hauser" da filosofia – "que, por quase quarenta anos, [os filósofos universitários] se

---

6. A. Schopenhauer, *Gesammelte Briefe*, p. 477.
7. A. Schopenhauer, *Gespräche*, p. 225.

esmeraram em privar da luz e do ar", como ele mesmo se queixara[8] – passou a ser o centro das atenções. E do misantropo e rabugento que era, transformou-se em um velho sábio, inesperadamente feliz e satisfeito.

4. Filosofia prática e cuidado consigo mesmo

É com essa veste que o encontramos em *Senilia*. Em seus últimos apontamentos e fragmentos, ele aparece como mestre da arte de viver e mostra familiaridade com regras e estratagemas da chamada *ars bene vivendi*. Evidentemente, está convencido de que a filosofia – essa modificação singular da vida, que possibilita compreendê-la e orientá-la – não deve observar a vida a distância, a fim de descrevê-la de modo teórico e neutro, transformando-a, por fim, em um objeto entre objetos, portanto, "reificando-a". A filosofia consiste não apenas em construir uma estrutura de teorias indiferente e alheia à vida, mas também em dar forma e orientação à vida, portanto, em compreendê-la de maneira prática. Como tal, a filosofia implica inteligência e cuidado consigo mesmo. Vale a pena redescobrir e reviver essa concepção do filosofar, que a tradição acadêmico-universitária desprezou e desconsiderou.

Mas como a filosofia pode aspirar a tal função? Ela já faz muito em formular problemas com clareza; exco-

---
8. Cf. A. Schopenhauer, *Über den Willen in der Natur*, in: *Sämtliche Werke*, organizado por A. Hübscher, vol. IV, p. XII.

gitar soluções não é de sua alçada. Que orientação prática ela ainda pode dar? E como pode pretender atenuar a amargura da velhice ou até nos ensinar a vivê-la com felicidade?

Não é possível aqui, ainda que apenas resumidamente, esboçar a história da sabedoria de vida e do cuidado consigo mesmo, portanto, aqueles campos da filosofia que costumam ser designados como "filosofia prática"[9]. Basta recordar que, desde sempre, o saber filosófico não apenas produz um conhecimento puramente teórico, mas também exerce uma função "conciliadora", de aconselhamento e orientação. O autêntico filosofar nos capacita a conferir uma forma bem-sucedida à nossa existência, do mesmo modo como o artista imprime o belo em sua obra. O autêntico filosofar produz uma estética da existência. Esse é o motivo recorrente na chamada literatura do "cuidado consigo mesmo": mais do que o "autoconhecimento" meramente intelectualista[10], ela abrange, sobretudo, um conjunto de exercícios e regras que nos ajudam a conduzir nossa vida com êxito. Em vista desse lado prático

---

9. Cf. Juliusz Domanski, *La philosophie, théorie ou manière de vivre?* Paris/Fribourg, Cerf/Éditions Universitaires de Fribourg, 1996, que incluem os pensamentos fundamentais de Pierre Hadot: *Exercices spirituels et philosophie antique*. Paris, Études augustiniennes, 1987; *Qu'est-ce que la philosophie antique?* Paris, Gallimard, 1995; *La philosophie comme manière de vivre*. Paris, Albin Michel, 1995.

10. Cf. Pierre Courcelle, *Connais-toi toi-même. De Socrate à Saint Bernard*, 3 volumes. Paris, Études augustiniennes, 1974-1975.

da filosofia, explica-se, por exemplo, por que Kant ainda assegura que, embora não seja possível tornar-se filósofo sem conhecimento, "o conhecimento sozinho nunca faz um filósofo"[11]. Isso significa que, se alguém quiser ser um filósofo, terá de converter a teoria no modo de vida correspondente. A partir disso também se explica o interesse aparentemente contraditório de Schopenhauer, como mestre do pessimismo, pela eudemonologia ou pela arte de ser feliz. Embora no campo da metafísica ele defenda a tese de que nosso mundo é um *mundus pessimus*, ele também está convencido de que, em seu campo prático, a filosofia pode proteger-nos das adversidades da vida e mitigar os sofrimentos causados por ela.

5. *Old is beautiful*

Eis a razão para a presente "Arte de envelhecer". Temos aqui uma companhia que nos leva à reflexão e nos consola diante do ocaso da vida. Um vade-mécum, no qual os núcleos de uma reflexão prática estão fixados, reflexão essa que, desde os primórdios do pensamento ocidental, aparece ao lado da sabedoria filosófica e que também na tradição iconográfica assume a forma em que o filósofo gosta de ser representado: com os traços do

---

11. Immanuel Kant, *Vorlesungen über Metaphysik und Rationaltheologie*, in: *Gesammelte Schriften*, 3 volumes. Berlin, de Gruyter, 1968-1972, vol. II, 1970, p. 534.

velho sábio, capaz de imaginar o último período da vida como uma condição desejável[12].

Do perdido *Perì ghéros*, de Aríston, ao *Cato Maior* ou *De senectute*, de Cícero; do *De marcore*, de Galeno, ao *Retardatione accidentium senectutis* e à coletânea de textos geriátricos, atribuídos a Roger Bacon; do *De sanitate tuenda*, de Gerolamo Cardano, ao *Liber de conservanda iuventute et retardanda senectute*, de Arnaldo de Villanova; do *Makrobiotik oder Die Kunst das menschliche Leben zu verlängern*, de Christoph Wilhelm Hufeland, ao interessante *Elogio della vecchiaia*, do positivista Paolo Mantegazza: existe uma ampla variedade de tratados gerontológicos, que – graças a uma distribuição equilibrada de *vituperatio* e *laudatio*, ligada a uma reflexão sobre a brevidade da vida – tenta relativizar os danos que a velhice traz consigo e, por outro lado, salientar suas vantagens e oportunidades. A velhice nos ensina a fazer da necessidade uma virtude[13].

....

12. Cf. Lucien Braun, *Iconographie et philosophie*, 2 volumes. Estrasburgo, Éditions universitaires de Strasbourg, 1994-1996.

13. Sobre a história do problema, ver: Georges Minois, *Histoire de la vieillesse en Occident de l'Antiquité à la Renaissance*. Paris, Fayard, 1987; Jean-Pierre Bois, *Les vieux: de Montaigne aux premières retraites*. Paris, Fayard, 1989; Umberto Mattioli, *Senectus: la vecchiaia nel mondo classico*, 2 volumes. Bolonha, Patron, 1995; Pat Thane (org.), *The Long History of Old Age*. Londres, Thames & Hudson, 2005; Ursula M. Staudinger, Heinz Häfner (orgs.), *Was ist Alter(n)? Neue Antworten auf eine scheinbar einfache Frage*. Heidelberg, Springer, 2008. Nesta última coletânea, merece es-

Conhecido é o apotegma atribuído a Sófocles: o grande trágico teria ficado feliz por envelhecer, pois finalmente sentia-se livre da pulsão sexual a que o ser humano é submetido nas outras idades[14]. Portanto, quanto mais velho, melhor. No entanto, a sentença de Sófocles ficou conhecida mais por seu paradoxo do que por seu teor de verdade e continuou a ser transmitida: ninguém quer, de fato, envelhecer. Pois, se a velhice significa sabedoria, também significa esgotamento, e ainda que traga consigo experiência e circunspecção, traz igualmente astenia e fraqueza para as atividades da vida cotidiana. E mesmo que ofereça a possibilidade de dar conselhos, serão os jovens a viver realmente a vida.

Não obstante, no que se refere ao cuidado do indivíduo consigo mesmo e à sua realização, a velhice representa justamente o tempo de colheita, o ponto de plenitude da existência. O velho – que já está livre das pulsões e da concupiscência, que já satisfez suas ambições e cumpriu as obrigações da *vita activa*, que é rico em experiência de vida – é aquele que se basta totalmente, que extrai de si mesmo toda satisfação e toda felicidade, sem ter de procurá-las em outro lugar, seja em relação ao prazer sexual, que ele já não tem condições de atender, seja

pecial atenção o texto de Wolfgang Welsch: *Neuigkeiten über das Alter?*, pp. 199-214. Outras obras interessantes são: Jean Améry, *Über das Altern. Revolte und Resignation*. Stuttgart, Klett-Cotta, 1968. E, sobretudo: Simone de Beauvoir, *La vieillesse*. Paris, Gallimard, 1970.

14. Cf. Platão, *A república*, I, 329 b-c.

em relação à reputação, à *fama mundi*, que ele já obteve ou à qual já renunciou. É aquele que, ao final, "tornou-se aquilo que é" e se reconcilia consigo próprio, pois é inteiramente senhor de si e se regozija com a própria autarquia. Sua única tarefa é permanecer si mesmo. Mesmo sem chegar ao mito de Matusalém, podemos dizer: *old is beautiful*.

Sob esse aspecto, o velho não é um inválido do tempo, e a velhice não é simplesmente o ocaso da vida, que se tem de protelar o máximo possível, nem a fase do "marasmo" senil e da perda dos sentidos, que conflui na morte. A velhice torna-se, antes, o coroamento da existência, o fim positivo, para o qual o indivíduo se prepara e todo o decorrer da vida se orienta. Se for mesmo verdade que já começamos a envelhecer desde o nascimento e que, "assim que uma pessoa nasce, já tem idade suficiente para morrer"[15], então, nesse sentido, *a qualquer momento da vida é nossa tarefa envelhecer bem*.

Mas como é possível preparar-se para a velhice e realizá-la da melhor forma? O que Schopenhauer nos ensina a respeito? Como ele concebe a arte de envelhecer?

6. *Ars longa, vita brevis*

Em *Senilia*, observamos o mestre do pessimismo como que no exercício diário dessa arte. Ela parece consistir

---

15. Johannes von Tepl, *Der Ackermann aus Böhmen*, cap. 20.

para ele sobretudo em algo que poderíamos definir como uma "biblioterapia": a leitura pormenorizada dos clássicos de todas as épocas – rigorosamente na língua original. Para um leitor que realmente sabe ler, como Schopenhauer, todos esses clássicos se tornam contemporâneos e oferecem o melhor vade-mécum para suportar as vulgaridades e o tédio do cotidiano. A verdadeira leitura – não aquela afetada – não é neutra: ela nos deixa mais seguros ou inseguros, mais felizes ou tristes, mais fortes ou fracos, mas nunca como antes. Além disso, oferece-nos a melhor escola do pensamento, pois nos obriga a nos confrontarmos com aquilo que nós próprios não tínhamos pensado antes. E do mesmo modo como uma marcha militar nos faz sentir heroicos, um livro inteligente também nos faz sentir mais inteligentes. Por sua vez, a leitura de jornais deve ser evitada ou, no máximo, ser feita em pequenas doses: para Schopenhauer, ela é um aperitivo com gosto ruim. Também sobre esse ponto, Hegel pensava o contrário: para ele, no mundo moderno, a leitura de jornais substitui a prece matutina.

Contudo, ler não é suficiente. Segundo a antiga tradição pedagógica, a leitura deve vir acompanhada da escrita. Assim como a abelha acumula ao longo do dia o pólen que recolheu ao voar de flor em flor, cuidando para que, à noite, ele não se dissipe, e sim se condense em mel, os frutos das diversas leituras que fazemos ao longo do dia devem ser reunidos e assentados para que não se percam. Por essa razão, Plínio, o Velho, aconselha: *"Nulla dies sine linea"*, ou seja, "nenhum dia sem uma linha" (*Naturalis historia* XXXV, 84).

A biblioterapia e a prática cotidiana da escrita nada mais são do que as duas técnicas mais elementares para dominar e administrar a velhice. Outras se acrescentam a elas e são descobertas por Schopenhauer na literatura helenística dos epicuristas e estoicos (sobretudo em Sêneca, Epicteto e Marco Aurélio) e no moralismo moderno (em Montaigne, La Bruyère, Pascal, La Rochefoucauld, Baltasar Gracián, Vauvenargues e Chamfort). São essas técnicas do cotidiano, como a instituição de um livro de regras, com princípios comportamentais e máximas de circunspecção, que o indivíduo assimila e memoriza para tê-las sempre prontas para o uso – *prócheiron échein,* segundo a formulação grega, ou *in promptu habere*, segundo a latina –, e que Marco Aurélio também compara com a bolsa cheia de instrumentos que o cirurgião sempre carrega consigo. Ou, como aquela série de exercícios mentais que começa com a *praemeditatio malorum* – a reflexão sobre o sofrimento futuro, que, em vez de servir à antecipação inútil e autolesiva das possíveis dores, faz com que cresça em nós a convicção de que não se trata de um verdadeiro sofrimento – e que culmina na *melete thanatou*, na *commentatio* ou na *meditatio mortis*.

Esta última, que tenta domesticar com sabedoria até mesmo o extremo sofrimento representado pela morte, foi considerada na Antiguidade a quintessência do exercício filosófico (Platão, *Fédon*, 81 a). Ela deu origem à tradição literária da *ars bene moriendi*, que, ao reunir material antigo e patrístico, atingiu seu ápice no "outono da Idade Média" com obras como *De arte bene moriendi*, de Jean Gerson, a terceira parte de seu *Opus tripartitum* (1408), ou, mais tarde, com o tratado de mesmo nome, redigido por Roberto Bellarmino (1602). Essa tradição serve-se da analogia entre as idades (da infância à velhice), as estações do ano (da primavera ao inverno) e os períodos do dia (da aurora ao ocaso). E recomenda que se viva a vida como se ela durasse um único dia, e cada dia como se ele contivesse a vida inteira, o que equivale a dizer que se deve viver cada dia como se ele fosse o último. Assim, podemos ter a esperança de sermos bem-sucedidos naquela empresa que Sêneca designa com palavras quase paradoxais como *"consummare vitam ante mortem"*, portanto, "concluir a vida antes da morte" (*Cartas a Lucílio*, 32): como somos seres efêmeros, e justamente no sentido de que ainda não existimos de fato enquanto existimos, *antes de sermos surpreendidos pela morte* temos de *dar à nossa vida uma forma plena e bela*, se quisermos ser felizes à medida que o tempo transcorre de maneira irrefreável. Conforme adverte Epicteto: a morte surpreende o sapateiro enquanto ele costura seus sapatos; a morte surpreende o artesão enquanto ele dá forma à sua obra; a morte surpreende o marinheiro durante a viagem; e quanto a ti? Em que atividade gostarias de ser surpreendido pela morte? Procura-a e, quando a tiveres encontrado, irás dispor do fio condutor para alcançares a bem-aventurança.

7. A idade avançada

Além do *modus utens* da arte de envelhecer, que observamos em *Senilia*, Schopenhauer nos oferece um compêndio esclarecedor quanto ao *modus docens*. Encontramos este último, formulado de maneira concisa, no capítulo "Sobre a diferença entre as idades da vida", que encerra os *Aforismos para a sabedoria de vida* e fornece o âmbito em que os fragmentos em questão devem ser compreendidos.

Considerando as mudanças "que as idades da vida produzem em nós"[16], a arte de envelhecer é apresentada aqui como a complementação indispensável da eudemonologia ou, de modo mais genérico, da "arte de ser feliz"[17]. Ela nos ajuda – lançados que fomos nesse vale de lágrimas que é o mundo – a dominar nossa existência "da melhor maneira possível".

Ao contrapor juventude e velhice, Schopenhauer pondera minuciosamente os prós e os contras de ambas. Como a vida é uma miséria, e a dor, a única realidade, ele está convencido de que os aspectos negativos se distribuem de maneira equilibrada: "Por conseguinte, se o caráter da primeira metade da vida for um anseio insatisfeito por felicidade, então o da segunda será o temor da

---

16. A. Schopenhauer, *Parerga und Paralipomena*, vol. I, in: *Sämtliche Werke*, organizado por A. Hübscher, vol. V, p. 508.
17. Com base no manuscrito reconstruído em A. Schopenhauer, *Die Kunst, glücklich zu sein* [*A arte de ser feliz*].

infelicidade."[18] Na primeira metade prevalecem as ilusões, os sonhos e as quimeras; na segunda, a desilusão em que "a nulidade do todo aparece"[19]. "Na juventude prevalece a intuição, na velhice, o pensamento: por isso, aquela é o tempo para a poesia, enquanto esta é, antes, para a filosofia."[20] Na primeira, há "mais concepção", na segunda, "mais julgamento, penetração e profundidade"[21]. E se na juventude prevalecem a alegria e a sociabilidade, enquanto na segunda metade da vida a experiência acumulada faz o indivíduo tender para a misantropia; se na primeira brota a energia vital, enquanto na segunda ela diminui inexoravelmente como o óleo de um lampião, que logo se apagará, então também se pode "comparar a vida a um tecido bordado, do qual cada pessoa, na primeira metade de sua existência, consegue enxergar o lado direito, mas na segunda, o avesso. Este não é tão bonito, porém, é mais instrutivo, pois nos permite reconhecer a relação entre os fios"[22]. Em resumo: "Somente quem envelhece adquire uma representação completa e adequada da vida, pois passa a vê-la em sua totalidade e em sua

---

18. A. Schopenhauer. *Parerga und Paralipomena*, vol. I, p. 512.

19. Essa passagem é encontrada apenas na edição de Eduard Grisebach: Arthur Schopenhauer, *Parerga und Paralipomena*, in: *Sämtliche Werke*, organizado por E. Grisebach, vol. IV, p. 539.

20. A. Schopenhauer, *Parerga und Paralipomena*, vol. I, in: *Sämtliche Werke*, organizado por A. Hübscher, vol. V, p. 520.

21. *Ibid.*, p. 521.

22. *Ibid.*, p. 514.

evolução natural, especialmente – porém, não apenas, como fazem os outros – da perspectiva de seu início, mas também daquela de seu fim. Desse modo, ele reconhece perfeitamente sobretudo a nulidade da vida."[23] E, por fim: "Em sentido amplo, também se pode dizer: os primeiros quarenta anos de nossa vida fornecem o texto; os trinta seguintes, o comentário que nos ensina a entender seu verdadeiro sentido e seu contexto, além de sua moral e de todas as suas sutilezas."[24]

Portanto, não é verdade que "a juventude é a época feliz da vida", "e a velhice, a triste"[25], assim como tampouco está correto dizer que o destino da velhice é a doença e a monotonia[26]. Ao contrário: "A juventude é arrastada por essas [paixões] em todas as direções, com pouca alegria e muito sofrimento. A tranquilidade elas deixam à fria velhice, que, logo em seguida, recebe um toque de contemplação: pois o conhecimento se liberta e passa a prevalecer."[27] Por conseguinte, podemos dizer: "A juventude é a época da intranquilidade; a velhice, a da tranquilidade."[28] Além disso: "Todavia, a velhice tem a serenidade daquele que se vê livre dos grilhões que o prenderam por um longo tempo, e que agora pode se

---

23. *Ibid.*, p. 521.
24. *Ibid.*, p. 523.
25. *Ibid.*
26. *Ibid.*, p. 525.
27. *Ibid.*, p. 523.
28. *Ibid.*, p. 524.

movimentar livremente."[29] Desse modo, o velho dispõe daquela extraordinária paz de espírito que lhe permite olhar com distância para as tentações, as extravagâncias e as dores do mundo. "Essa paz de espírito constitui uma parte importante da felicidade; na verdade, chega a ser sua condição e sua essência."[30]

8. *Ultima linea rerum: o que fazer?*

Naturalmente, existe o inexorável relógio do tempo, a dureza da decadência biológica, o *unus dies par omni*: a morte, ou seja, o dia igual para todos, o único realmente democrático. Na juventude, quando, por assim dizer, escalamos a montanha da vida, não conseguimos "ver a morte, pois ela está no sopé do outro lado da montanha"[31]. Porém, depois que ultrapassamos o cume, "então realmente avistamos a morte, que até esse momento conhecíamos apenas de ouvir falar"[32]. Tomamos consciência de sua aproximação devido ao esgotamento de todas as forças do organismo, aquele processo bem triste do "marasmo", que, não obstante, é necessário e até mesmo benéfico e salutar: "Pois, sem essa preparação [a diminuição de todas as forças], a morte seria difícil demais. Por isso,

---

29. *Ibid.*
30. *Ibid.*, p. 525.
31. *Ibid.*, p. 514.
32. *Ibid.*, pp. 514-5.

o maior ganho que se obtém ao se alcançar uma idade bastante avançada é a eutanásia, ou seja, a morte extremamente leve, não iniciada por nenhuma doença, não acompanhada por nenhuma convulsão e que não é absolutamente sentida."[33] De resto, em relação à efemeridade do todo, há que se refletir se "a vida não é algo que é melhor ter deixado para trás do que tê-la pela frente". Assim, tal como ensina o Eclesiastes: "O dia da morte é melhor do que o dia do nascimento."[34]

A conclusão de nosso obstinado pessimista – que, no fundo, era um otimista bem informado – é bastante simples: "É preciso apenas envelhecer bem para se ter tudo."[35]

CONFIGURAÇÃO DO TEXTO E EDIÇÕES DE SCHOPENHAUER UTILIZADAS

Até agora, o livro manuscrito *Senilia*, que se encontra entre as obras póstumas de Schopenhauer, não havia sido completamente transcrito nem editado. Arthur Hübscher publicou uma seleção de 108 fragmentos em sua edição da obra póstuma manuscrita (vol. IV/2, pp. 1-35). Essa

---

33. *Ibid.*, p. 527. Sobre o conceito schopenhaueriano de eutanásia, cf. mais adiante o fragmento nº 65 e *O mundo como vontade e representação*, vol. II, cap. 41.

34. *Ibid.*, p. 528.

35. A. Schopenhauer, *Gesammelte Briefe*, p. 238 (carta a Sibylle Mertens-Schaffhausen, de 27 de novembro de 1849).

seleção constitui apenas uma fração do manuscrito, que abrange 150 páginas cheias e de difícil leitura.

A presente edição baseia-se na primeira transcrição completa, produzida pelo professor doutor Ernst Ziegler (St. Gallen) no âmbito de um projeto de pesquisa coordenado por mim. Ela oferece 319 fragmentos, portanto, uma seleção essencialmente maior do que a de Hübscher, em uma configuração de agradável leitura, que prescinde de aparatos filológicos, suprime remissões internas e dados bibliográficos eruditos, porém conserva a ortografia e a pontuação originais. Entre colchetes são dadas as traduções de expressões e citações estrangeiras, bem como as indicações bibliográficas correspondentes. Por ocasião dos 150 anos da morte de Schopenhauer, Ernst Ziegler e eu planejamos publicar uma edição crítica do manuscrito completo pela editora C. H. Beck.

Sämtliche Werke, organizado por Paul Deussen, 13 volumes. Munique, Piper, 1911-1942.

Die Welt als Wille und Vorstellung, organizado por Otto Weiß. Leipzig, Hesse & Becker, 1919.

Sämtliche Werke, organizado por Arthur Hübscher, 7 volumes, 3ª ed. Wiesbaden, Brockhaus, 1972; 4ª ed., revista por Angelika Hübscher. Mannheim, Brockhaus, 1988.

Werke in fünf Bänden, organizado por Ludger Lütkehaus. Zurique, Haffmans, 1988.

Der handschriftliche Nachlaß, organizado por Arthur Hübscher, 5 volumes. Frankfurt a. M., Kramer, 1966-

-1975; reimpressão: Munique, Deutscher Taschenbuch Verlag, 1985.

Gesammelte Briefe, organizado por Arthur Hübscher. Bonn, Bouvier, 1978; 2ª ed., 1987.

Die Schopenhauers. Der Familien-Briefwechsel von Adele, Arthur, Heinrich Floris und Johanna Schopenhauer, organizado por Ludger Lütkehaus. Zurique, Haffmans, 1991.

Der Briefwechsel mit Goethe und andere Dokumente zur Farbenlehre, organizado por Ludger Lütkehaus. Zurique, Haffmans, 1992.

Die Kunst, Recht zu behalten, organizado por Franco Volpi. Frankfurt a. M., Insel, 1995.

Die Kunst, glücklich zu sein, organizado por Franco Volpi. Munique, Beck, 1999.

Die Kunst, sich selbst zu erkennen, organizado por Franco Volpi. Munique, Beck, 2006.

Gespräche, organizado por Arthur Hübscher. Stuttgart-Bad Cannstatt, Frommann-Holzboog, 1971.

Cronologia

1788. Nasce Arthur Schopenhauer em Dantzig (Gdansk). Kant: *Kritik der praktischen Vernunft* [*Crítica da razão prática*].
1790. Kant: *Kritik der Urteilskraft* [*Crítica da faculdade de julgar*].
1794. Fichte: *Grundlage der gesamten Wissenschaftslehre* [Fundamentos da doutrina da ciência em seu conjunto].
1800. Schelling: *System des transzendentalen Idealismus* [Sistema do idealismo transcendental].
1800-05. Destinado por seu pai ao comércio, Schopenhauer realiza uma série de viagens pela Europa ocidental: Áustria, Suíça, França, Países Baixos, Inglaterra. Isso lhe rende um *Diário de viagem* e um excelente conhecimento do francês e do inglês.
1805. Morre seu pai. Schopenhauer renuncia à carreira comercial para dedicar-se aos estudos nos liceus de Gotha e de Weimar.
1807. Hegel: *Die Phänomenologie des Geistes* [*Fenomenologia do espírito*].

1808. Fichte: *Reden an die deutsche Nation* [Discurso à nação alemã]. Goethe: *Die Wahlverwandtschaften* [*As afinidades eletivas*] e *Faust* (primeira parte).

1809-13. Schopenhauer prossegue seus estudos nas universidades de Göttingen e de Berlim.

1813. Schopenhauer: *Ueber die vierfache Wurzel des Satzes vom zureichenden Grunde* [Da quádrupla raiz do princípio de razão suficiente] (tese de doutorado).

1814. Morre Fichte.

1815. Derrota de Napoleão em Waterloo. O Congresso de Viena reorganiza a Europa sob o signo da Santa Aliança.

1816. Schopenhauer: *Ueber das Sehen und die Farben* [*Sobre a visão e as cores*].

1818. Hegel na universidade de Berlim, onde lecionará até sua morte.

1819. Schopenhauer: *Die Welt als Wille und Vorstellung* [O mundo como vontade e representação].

1820. Schopenhauer começa a lecionar em Berlim com o título de *Privatdozent*. Fracassa.

1825. Nova tentativa na universidade de Berlim. Novo fracasso. Schopenhauer renuncia à docência e passa a viver daí em diante com a herança paterna.

1830. Hegel: *Enzyklopädie der philosophischen Wissenschaften im Grundrisse* [*Enciclopédia das ciências filosóficas em compêndio*] (edição definitiva).

1831. Morre Hegel.

1832. Morre Goethe.

1833. Schopenhauer estabelece-se em Frankfurt, onde residirá até sua morte.
1836. Schopenhauer: *Ueber den Willen in der Natur* [Da vontade na natureza].
1839. Schopenhauer recebe um prêmio da Sociedade Norueguesa de Ciências de Drontheim por uma dissertação sobre "A liberdade da vontade".
1840. A dissertação "Sobre o fundamento da moral" não recebe o prêmio da Sociedade Real Dinamarquesa de Ciências de Copenhague.
1841. Schopenhauer publica suas duas dissertações de concurso sob o título de *Die beiden Grundprobleme der Ethik* [Os dois problemas fundamentais da ética]. Feuerbach: *Das Wesen des Christentums* [A essência do cristianismo].
1843. Kierkegaard: *Frygt og Boeven* [Temor e tremor].
1844. Schopenhauer: *O mundo como vontade e representação*, segunda edição acompanhada de *Suplementos*. Stirner: *Der Einzige und sein Eigentum* [O único e a sua propriedade]. Marx e Engels: *Die heilige Familie oder Kritik der kritischen Kritik gegen Bruno Bauer und Konsorten* [A sagrada família ou Crítica da crítica crítica contra Bruno Bauer e sócios].
1846. Comte: *Discours sur l'esprit positif* [Discurso sobre o espírito positivo].
1848. Marx e Engels: *Manifest der Kommunistischen Partei* [Manifesto do Partido Comunista]. Revolução na França e na Alemanha. Sua correspondência confirma

que Schopenhauer desejou e apoiou a repressão em Frankfurt.
1851. Schopenhauer: *Parerga und Paralipomena* [Parerga e Paralipomena]. Êxito e primeiros discípulos, Frauenstädt, Gwinner etc.
1856. Nasce Freud.
1859. Darwin: *On the Origin of Species* [A origem das espécies].
1860. Morre Schopenhauer.

***A ARTE
DE ENVELHECER***

Este livro se intitula Senilia *e foi iniciado em Frankfurt a. M., em abril de 1852*

1

O mundo não foi criado, pois, como diz Ôcelos da Lucânia, ele sempre existiu[1]; porque, de fato, o *tempo* é condicionado por seres cognoscentes, portanto, pelo *mundo*, assim como o *mundo* é condicionado pelo *tempo*. O mundo não é possível sem o tempo; mas o tempo tampouco é possível sem o mundo. Portanto, ambos são inseparáveis, e, assim como é inconcebível um tempo sem mundo, tampouco é possível conceber um mundo que não existisse em tempo algum.

2

Enquanto estabelecerdes como *conditio sine qua non* [condição indispensável] de toda filosofia que ela seja talhada segundo o *teísmo judaico*, não se poderá pensar em nenhuma compreensão da natureza, menos ainda em uma investigação séria da verdade.

---

1. *De rerum natura graece*, organizado por A. F. W. Rudolph. Leipzig, E. B. Schwickert, 1801.

3

Teria alguma vez acontecido de um homem de grande inteligência ser *estrábico*? – Não creio; embora eu conheça as duas causas físicas do estrabismo, [que são] a fraqueza de um olho ou a extensão anormalmente curta de um músculo ocular. Os animais são estrábicos?

4

Pelos animais é possível ver claramente que seu *intelecto* age somente a serviço de sua *vontade*: nos homens, em geral, as coisas não se dão de maneira muito diferente. Também neles é comum constatar o mesmo comportamento; em muitos até, chega-se a perceber que nunca agiram de outro modo, tendo sempre se orientado apenas para os objetivos mesquinhos da vida e para os meios geralmente muito baixos e indignos de obtê-los. Quem possui um visível excedente de intelecto, que ultrapassa a medida necessária para servir a vontade e, por si só, realiza uma atividade totalmente livre, não inspirada pela vontade nem pelos objetivos relacionados a ela, e cujo resultado é uma concepção puramente objetiva do mundo e das coisas – tal pessoa é *um gênio*, e essa característica exprime-se em seu semblante: não tão forte, porém, sobejando no que se refere à escassa medida mencionada.

5

O tempo e *a efemeridade* de todas as coisas nele e por meio dele são simplesmente a forma na qual a *nulidade* de sua aspiração se revela à vontade de viver, que, como coisa em si, é eterna.

6

Na verdade, poder-se-ia dizer o seguinte: os homens são os diabos da terra, e os animais, as almas atormentadas.

7

Creio que os acontecimentos e as pessoas na *história* se assemelham aos que de fato existiram, mais ou menos como, na maioria das vezes, os retratos dos escritores nas gravuras em cobre dos frontispícios se assemelham a eles próprios: portanto, apenas o esboço do que são na realidade, de maneira que a semelhança entre ambos é fraca, frequentemente deturpada por *um* traço malfeito, mas às vezes inexistente.

8

Entender tudo é compreender de modo imediato e, portanto, intuitivo a relação causal; embora tenha de ser imediatamente salientado em conceitos abstratos para ser fixado.

Por isso, calcular não é o mesmo que entender e, por si só, não transmite nenhuma compreensão das coisas. Só se obtém a compreensão mediante a visão, o conhecimento correto da causalidade e a construção *geométrica* do processo, conforme demonstrou *Euler* melhor do que ninguém, pois ele entendeu as coisas desde o princípio. Por outro lado, o cálculo tem a ver com meros conceitos abstratos de grandeza, cuja relação recíproca ele constata. Desse modo nunca se chega a entender minimamente um processo físico. Pois, para tanto, é necessária uma concepção *clara* das relações espaciais, pelas quais as causas atuam. O cálculo determina a quantia e a extensão e, por isso, é indispensável à *prática*.

Pode-se até mesmo dizer: *onde começa o cálculo termina o entendimento*, pois, enquanto calcula, a mente que se ocupa de números fica totalmente alheia à relação causal e à construção geométrica do processo físico: ela se encontra inserida em conceitos numéricos meramente abstratos. Todavia, o resultado nunca exprime mais do que a *quantidade* e a *qualidade*. Portanto, *l'expérience et le calcul* [a experiência e o cálculo], esse antigo mote dos físicos franceses, não é absolutamente suficiente.

9

Inicialmente, a *necessidade da morte* deve ser deduzida do fato de que o homem é mera aparência, e não uma coisa em si; portanto, não é um *ontos on* [um ente de fato]. Pois, se o fosse, não poderia perecer. O fato de a coisa em si, que lhe é subjacente, só poder se apresentar em aparências dessa espécie é uma consequência de sua natureza.

10

Nossa *vida* é de tipo *microscópico*: é um ponto indivisível, que vemos ampliado pelas duas lentes espessas que são o espaço e o tempo e, por isso, em uma grandeza bastante considerável.

11

O pensamento *físico-teológico* de que teria sido, necessariamente, um *intelecto* (*a mind*) a modelar e ordenar a natureza agrada com tanta facilidade ao entendimento rudimentar quanto é fundamentalmente errôneo, pois só conhecemos o intelecto a partir da natureza animal, por conseguinte, como um princípio totalmente secundário e subordinado no mundo e um produto de origem tardia; portanto, nunca poderia ter sido a condição da existência do mundo. Em contrapartida, a vontade que tudo preenche e que se manifesta imediatamente em cada um, designando-o como sua aparência, apresenta-se em toda parte como originária. Por essa razão, todos os fatos teleológicos podem ser explicados a partir da *vontade* do próprio ser em que foram encontradas.

12

Quem vive *duas* ou até *três gerações* da *humanidade* terá uma sensação semelhante àquela do espectador que, nos quiosques do mercado, fica sentado assistindo às apresentações de prestidigitadores de toda espécie se repetirem duas ou três vezes, uma após a outra: as coisas estavam previstas para apenas uma apresentação; por isso, já não causam efeito quando a ilusão e a novidade desaparecem.

13

Todo *herói* é um *Sansão*: o forte sucumbe às intrigas dos fracos e numerosos. Quando, por fim, perde a paciência, destrói a eles e a si mesmo, ou é apenas um Gulliver entre os liliputianos, que, em número muito maior, acabam por subjugá-lo.

14

A *superioridade* na convivência provém exclusivamente do fato de não se precisar dos outros de modo algum e de tornar isso evidente.

15

Quem critica os outros trabalha para melhorar si mesmo. Portanto, aqueles que têm a tendência e o costume de submeter tacitamente, guardando tudo para si próprio, a uma *crítica* atenta e *severa* o comportamento externo e, em geral, as ações e omissões alheias trabalham, desse modo, em prol do próprio aperfeiçoamento e aprimoramento, pois terão o suficiente de justiça ou, ao menos, de orgulho e vaidade para evitar o que frequentemente criticam com rigor. Quanto aos tolerantes, vale o inverso, a saber, *hanc veniam damus, petimusque vicissim* [concedemos essa permissão e a pedimos por nossa vez, Horácio, *De arte poetica*, 11]. O Evangelho faz um belo discurso moral sobre o argueiro no olho alheio e a trave no próprio, mas a natureza do olho traz consigo o fato de que enxergamos o que está fora de nós, e não nós mesmos; por isso, um recurso muito apropriado para percebermos nossos próprios erros consiste em observá-los e criticá-los nos outros. Para melhorarmos, precisamos de um espelho.

Essa regra também vale no que se refere ao estilo e ao modo de escrever: quem neles admira uma nova estultice, em vez de criticá-la, irá imitá-la. É por isso que na Alemanha as estultices se propagam com tanta rapidez. Os alemães são muito tolerantes: é visível. *Hanc veniam damus petimusque vicissim* é mote.

16

Quem veio ao mundo para *instruí-lo* com seriedade e nas coisas importantes pode dar-se por feliz se dele sair incólume.

17

Entrar aos 5 anos numa fábrica de fiação ou em qualquer outra e, a partir de então, nela ficar sentado dez horas e, depois, de doze a catorze horas por dia, executando o mesmo trabalho mecânico, é o que chamo de pagar caro pelo *prazer de recuperar o fôlego*. Esse é o destino de milhões de pessoas, e muitos outros milhões têm destino análogo.

18

Em consequência de sua *individualidade* e de sua condição, todo o mundo, sem exceção, vive com certa *limitação de conceitos e opiniões*. Outra pessoa pode ter uma limitação diferente, mas não exatamente *esta*; portanto, ao descobri-la, pode confundir, desconcertar e quase humilhar aquele primeiro que a tem, tornando-a perceptível, mesmo que o primeiro seja, de longe, superior a este. A astúcia costuma usar essa circunstância para obter uma superioridade falsa e momentânea.

19

Que de tudo o que se lê
Boa parte logo se esquece,
É algo que me aborrece
Mas quem pode dizer: sei tudo perfeitamente?

20

Seria muito bom saber, de uma vez por todas, *aquilo que se aprendeu*, mas o que acontece é diferente: tudo o que se aprendeu deve ser reavivado, de tempos em tempo, por meio da repetição; do contrário, será aos poucos esquecido. No entanto, como a mera repetição é enfadonha, tem-se sempre de aprender coisas novas: eis por que se diz *aut progredi, aut regredi* [ou se progride, ou se regride].

21

Todo homem quer viver: mas nenhum sabe por que vive.

22

As *leis* devem punir não o homem, mas a ação, para que esta, tendo-se sempre em vista sua punição, não volte a ser cometida.

23

Contra certas objeções tolas, noto que a *negação da vontade de viver* não significa absolutamente o aniquilamento de uma substância, e sim o mero ato de não querer: o mesmo ser que até agora *quis* já não *quer*. Como conhecemos esse ser, a *vontade*, como coisa em si apenas no ato de *querer* e por meio dele, não somos capazes de dizer ou de compreender o que mais ele seria ou produziria depois de renunciar a esse ato; por essa razão, *para nós*, negar que somos a aparência do querer é uma passagem para o nada.

A afirmação e a negação da vontade de viver é um mero *velle et nolle* [querer e não querer]. – O sujeito desses dois *actus* é o mesmo; portanto, como tal, não é aniquilado por um ato nem por outro. Seu *velle* se apresenta neste mundo intuitivo, que justamente por isso é a aparência de sua coisa em si. – Por outro lado, do *nolle* não reconhecemos nenhuma outra aparência além de sua entrada no indivíduo, e apenas nele, que originariamente já faz parte da aparência do *velle*; por conseguinte, vemos que, enquanto o indivíduo existe, o *nolle* está sempre em luta com o *velle*; quando o indivíduo deixa de existir e o *nolle* passa a prevalecer nele, é como se o *nolle* estivesse simplesmente se manifestando. (Esse é o sentido de uma canonização declarada pelo papa.) Sobre o *nolle* podemos dizer apenas que sua aparência não pode ser a do *velle*, mas não sabemos se ele chega a se manifestar, ou seja, se tem uma existência secundária para um intelecto que, inicialmente, ele teria de gerar; e como só conhecemos o intelecto como um órgão da vontade em sua afirmação, não sabemos por que, depois de revogá-la, ele deveria produzi-la; tampouco podemos declarar alguma coisa a respeito de seu sujeito, uma vez que só o conhecemos positivamente em seu oposto, o *velle*, como a coisa em si de seu mundo fenomênico.

24

Agir segundo *princípios abstratos* é difícil e só dá certo após muito exercício, e, mesmo assim, nem sempre; além disso, frequentemente os princípios não são suficientes. Por outro lado, cada um tem certos *princípios inatos e concretos*, escondidos em seu sangue e sua linfa vital, que são o resultado de todo o seu pensar, de todo o seu sentir e de todo o seu querer. Geralmente, o indivíduo não conhece esses princípios *in abstracto*; porém, apenas ao lançar um olhar retrospectivo para sua vida, descobre que sempre os seguiu e sempre foi puxado por eles como por um fio invisível. Conforme sua natureza, esses princípios conduzirão o indivíduo à sua felicidade ou à sua infelicidade.

25

Existe apenas um *poder de cura*, que é o da natureza: em bálsamos e pílulas não há nenhum; no máximo, podem indicar ao poder de cura da natureza onde ela deve intervir.

26

Por conseguinte, quem se aprofundou e se perdeu a tal ponto na intuição da natureza que nela só está presente como *sujeito puramente cognoscente*, justamente por esse processo perceberá que, como tal, é a condição, portanto, o portador do mundo e de toda existência objetiva, que agora parece depender dele e dos seus: ele traz a natureza para dentro de si, sentindo-a apenas como um acidente de seu ser. Como tal indivíduo poderia considerar-se absolutamente mortal em oposição à natureza imortal? Antes, ele dirá com o *Veda*: *Hac omnes creaturae in totum ego sum et praeter me ens aliud non est – quid ego timerem?* [Sou todas essas criaturas juntas, e, além de mim, não existe nenhum outro ser: o que eu deveria temer?]

27

Quando alguém que observa o curso do mundo em geral e, sobretudo, a sucessão extremamente rápida das gerações humanas e de sua efêmera pseudoexistência passa a observar *a vida humana em detalhes*, tal como, por exemplo, a comédia a representa, terá a impressão de que está vendo, através de um microscópio solar, uma gota fervilhando de infusórios ou um montículo de carunchos do queijo, invisível sem o microscópio, cuja atividade intensa e cujo conflito nos fazem rir. Com efeito, a atividade grande e séria causa um efeito cômico tanto no espaço mais estreito quanto no período mais breve.

28

Quando os poetas celebram a alegre manhã, o belo anoitecer e a silenciosa noite de luar, entre outras coisas semelhantes, o verdadeiro objeto de sua exaltação é o *puro sujeito do conhecimento*, que é evocado por meio dessas belezas naturais e, ao se manifestar, faz com que a *vontade* desapareça da consciência. Assim é alcançada aquela paz do coração, que, ademais, não pode ser encontrada no mundo.

29

Justamente porque a *matéria* é a evidência da vontade e porque toda força em si é vontade, nenhuma força pode manifestar-se sem um substrato material, e nenhum corpo pode manifestar-se sem exteriorização da força. Ambos são inseparáveis e, de certo modo, a mesma coisa.

30

Nem nosso *agir* nem o *curso de nossa vida* são obra nossa; obra nossa é, antes, aquilo que ninguém assim o considera: *nossa essência e nossa existência*. Pois, com base nelas, bem como nas circunstâncias e nos acontecimentos externos que surgem em rigorosa conexão causal, nosso agir e o curso de nossa vida ocorrem com perfeita necessidade. Por conseguinte, já ao nascer, o homem tem todo o curso de sua vida irrevogavelmente determinado até nos detalhes, de maneira que uma sonâmbula dotada de extraordinários poderes seria capaz de prevê-lo com exatidão.

Ao considerarmos e julgarmos o curso de nossa vida, nossos atos e sofrimentos, deveríamos ter em mente essa grande e certa verdade.

31

Quanto aos *escritores inspirados* do Novo Testamento, temos de lamentar o fato de a inspiração não se ter estendido à língua nem ao estilo; é uma brincadeira maldosa!

32

Em outubro de 1852, no *Zoological garden* de Londres, um guarda foi mordido pela *Cobra de Capello* e morreu em uma hora. Ele se queixou, sobretudo, de dor e constrição patológica da garganta. A dissecação do cadáver comprovou como principal sintoma o inchaço da faringe, que adquiriu uma cor castanho-escura e se apresentava em completo estado patológico, o que levou os médicos a supor que ele havia morrido de asfixia. Contudo, o relatório posterior e preciso da autópsia, [publicado] no *Medical Times*, revela que todo o conduto alimentar, a saber, o esôfago, estava ileso; por outro lado, os pulmões e, especialmente, os brônquios, tinham um aspecto escuro e patológico. Portanto, o homem morrera de asfixia.

A partir desse fato, concluo que todos os *três venenos animais* atuam diretamente na *faringe*: na hidrofobia, a constrição da garganta impede a deglutição e está relacionada à rejeição a líquidos. Como bem se sabe, a sífilis, tão logo entra na corrente sanguínea, mostra seu primeiro sintoma *na faringe*.

33

"Como os senhores são cavalheiros ao tratar de Kant."

Em *Meine Reform der Hegelschen Philosophie* [Minha reforma da filosofia hegeliana] (Königsberg: Bornträger), 1852, *Rosenkranz* é *estúpido* e *atrevido* o suficiente para dizer na p. 41: *"Eu disse expressamente* que *espaço e tempo* não existiriam se a matéria não existisse. Somente o éter, com sua tensão intrínseca, é o verdadeiro espaço; somente seu movimento e, por conseguinte, o devir real de tudo o que é específico e individual são o verdadeiro tempo."

Ao fato de os senhores da filosofia kantiana saberem e nada compreenderem, já estou acostumado. Em janeiro de 1853, (nos *Göttinger Gelehrten Anzeigen*, de 1º de janeiro de 1853, p. 8) em uma revista de literatura exclusivamente erudita, o *ordinarius loci* faz-nos a seguinte revelação: "Não se podia desconhecer o fato de que a doutrina de Kant é o teísmo habitual e de que pouco ou nada contribuiu para uma reformulação das opiniões divulgadas sobre Deus e sua relação com o mundo."

Alguma vez se disse coisa mais insensata do que essa? É com esses asnos que quereis aprender história da filosofia.

Seria esse professor de filosofia (sr. Ritter) realmente tão ignorante ou incompetente para acreditar nisso? Ou estaria ele mentindo *in majorem Dei gloriam* [para maior glória de Deus]? – Pois *tertium non datur* [uma terceira coisa não existe] quando no mundo se escreve semelhante bobagem inaudita sobre Kant, que, como se sabe, deu no teísmo o golpe de misericórdia. Todavia, esse mesmo professor de filosofia é historiador da filosofia *kat' exochen* [por excelência] e preencheu muitos volumes espessos com a história da filosofia. Após essa prova de sua concepção dos fatos mais recentes e importantes, pode-se confiar em seus relatos sobre as doutrinas filosóficas. Nesse sentido, procuraste a pessoa certa para conhecer as doutrinas dos antigos filósofos.

Isso poderia permanecer anônimo e, portanto, ter um início. Apesar de tudo o que já vivemos, ainda me surpreendo com o fato de que, neste ano, um historiógrafo da filosofia, que não é tão rico de espírito quanto de volumes e que é coberto pelos elogios dos colegas, nos instrua do seguinte modo em uma revista de literatura exclusivamente erudita. – E, por fim, poder-se-ia perguntar: estaria esse homem em seu juízo perfeito? Mas vemos de que lado soprou o *vento* nas velas da filosofia universitária.

O melhor a fazer é simplesmente usar a citação acima; em seguida, esse enunciado deveria ser comunicado nas salas de aula de filosofia de todas as universidades, para que todos soubessem, de imediato, que tipo de relatos sobre filosofia vem sendo comerciado nelas próprias.

Que não me venham com a objeção de que esse seria um catedrático ordinário e um cavaleiro da triste figura: tudo isso é verdade! Esses senhores são todos feitos da mesma massa, e é desejável que a filosofia seja salva das mãos dos conselheiros da corte.

(Diante de frases semelhantes, poder-se-ia perguntar se o homem está em seu juízo perfeito.) – Depois de esfregarmos os olhos três vezes e nos convencermos de que isso é o que de fato está escrito, sabemos de que lado soprou o vento nas velas da universidade, e, doravante, buscaremos a filosofia em toda parte, menos entre seus verdadeiros antagonistas, os catedráticos.

Kant foi o ateu *mais consciencioso* que já existiu. Os esforços de todos os professores de filosofia para prejudicá-lo ou, de algum modo, colocá-lo de lado e ignorá-lo têm sua razão unicamente no fato de que a mitologia judaica, que é sua verdadeira disciplina, é incompatível com a sabedoria dele.

Quando alguém diz expressamente algo tão estúpido, ao menos não deveria repeti-lo de modo triunfante.

34

Se não quiserdes nada além de uma palavra que vos entusiasme e vos leve ao êxtase, a palavra *Deus*, tanto quanto qualquer outra, pode servir-vos como xibolete.

35

Quase todos os povos antigos só abatiam o gado para oferecê-lo em sacrifício *aos deuses*, embora depois o comessem. Como quando eu estava em Roma, onde, nas ruelas, nos pátios e nas escadas das casas não era permitido deixar lampiões acesos, a não ser que se destinassem a honrar a *Madonna* ou algum santo, cuja imagem ali estivesse exposta.

36

Assim como um círculo de uma polegada de diâmetro e outro de 40 milhões de milhas de diâmetro têm as mesmas propriedades geométricas, no fundo, *os processos e a história* de um vilarejo e aqueles de um grande império são idênticos. Tanto em um quanto em outro, é possível estudar e conhecer a humanidade.

37

Mediante um voto religioso mantido com seriedade e rigor ou também o cumprimento de uma *negação da vontade de viver*, o ato da afirmação, pelo qual o indivíduo entrou na existência, volta a ser realmente extinto.

1853

38

Em vez de dizer: "O *efeito* não pode conter mais do que está contido na *causa*" – o que é errado, pois, muitas vezes, a menor causa provoca os maiores efeitos –, deve-se dizer: a influência de um corpo sobre outro só pode provocar as manifestações das forças existentes neste último como suas qualidades, e essas manifestações aparecem então como *efeito*: este pode ser rico e variado, enquanto o corpo que se apresenta como causa só é capaz de uma manifestação unilateral e pobre. Por exemplo, quando uma fagulha do cachimbo (ou uma pressão ocasional no ferrolho da pistola, instalado com o propósito de travá-la) desencadeia um grande espetáculo pirotécnico, montado e preparado com esse intuito.

39

Para usar a mesma linguagem de Platão, a verdadeira *filosofia da história* não deve considerar (tal como fazem nossos filósofos modernos da história) *aquilo* que sempre *se torna* e nunca é, tratando-o como a verdadeira essência das coisas; ao contrário, ela deve ter em mente aquilo que sempre é, nunca se torna nem perece. Portanto, a filosofia da história não consiste em alçar os objetivos temporais dos homens a objetivos eternos e absolutos para depois, de maneira artificial e imaginária, construir seu progresso atravessando toda sorte de dificuldades; em vez disso, essa filosofia consiste em compreender que a história é mentirosa não apenas na execução, mas também já em sua essência, na medida em que sempre pretende contar outra coisa quando fala de muitos indivíduos e seres individuais, enquanto, do princípio ao fim, sempre repete apenas o mesmo com outros nomes e em outra roupagem. Em outros termos, a filosofia da história consiste em compreender que, apesar de todas essas alterações infinitas e de sua desordem, tem-se sempre a mesma essência inalterável diante de si, que hoje age do mesmo modo como agiu ontem e sempre; portanto, consiste em reconhecer o que há de *idêntico* em todos os acontecimentos tanto dos tempos antigos quanto dos modernos, do Oriente e do Ocidente, e, apesar da diferença das circunstâncias especiais, dos trajes e dos costumes, em enxergar a mesma humanidade. Esse fator idêntico e que persiste em todas as mudanças constitui as características fundamentais – muitas ruins, poucas boas – do coração e da mente humanos. Quem leu Heródoto já estudou história suficiente; pois nele há tudo o que constitui a história universal subsequente: a atividade, a ação e o sofrimento, bem como o destino do gênero humano, tal como resultam das características mencionadas das condições físicas da Terra. A divisa da história em geral é: *eadem sed aliter* [o mesmo, mas de outro modo].

40

O mundo é mesmo o *inferno*, e os homens que o habitam são, por um lado, as almas atormentadas e, por outro, os diabos.

41

Que tolice lamentar-se e queixar-se de que, no passado, se deixou de aproveitar a ocasião para esta ou aquela felicidade ou para este ou aquele prazer! O que se ganharia com isso agora? A múmia ressequida de uma lembrança. Mas é o que acontece com tudo o que realmente nos está reservado. Todavia, como consequência, a própria *forma do tempo* chega a ser o meio, quase calculado para esse objetivo, para nos transmitir a *nulidade* de todos os prazeres terrenos.

42

Se nos homens, tal como são na maioria das vezes, o elemento bom prevalecesse sobre o elemento ruim, seria mais aconselhável confiar em sua justiça, em sua equidade, em sua gratidão, em sua fidelidade, em seu amor ou em sua compaixão do que em seu temor: uma vez que, com eles, as coisas são invertidas, é mais aconselhável seguir o oposto.

43

Os senhores gostariam muito que eu fizesse bastante cerimônia com eles; mas não tenho essa intenção, pois por eles não tenho mais respeito do que merecem.

44

Como, no fundo, *as mulheres* existem unicamente para a propagação da espécie e seu destino se dedica a isso, vivem mais para a espécie do que para os indivíduos; levam mais a sério as questões da espécie do que as individuais. Isso confere certa leviandade a toda a sua essência e a toda a sua ação e, de modo geral, uma orientação fundamentalmente diferente daquela do homem, o que provoca a desarmonia tão frequente e quase normal no casamento.

45

Quem *se encaminha à morte em prol da própria pátria* superou a fraqueza (a ilusão) que limita a existência à própria pessoa: estende sua existência ao grupo humano de sua pátria (e, assim, à espécie), em que (como na espécie) continua a viver. Ao ver a morte como o piscar de olhos que não interrompe a visão, ele se reconhece nas gerações vindouras e sabe que, sacrificando-se por elas, age por si.

No fundo, o mesmo ocorre com todo sacrifício que se faz em benefício de outrem: amplia-se a própria existência para a espécie – embora apenas àquela parte que, no momento, se tem diante dos olhos. – A *negação* da vontade de viver surge, antes de mais nada, da espécie; por isso, depois de exercitarem a ascese, seus mestres consideram as boas obras supérfluas e indiferentes – e mais ainda as cerimônias nos templos.

46

O *intelecto*, que surgiu meramente para servir a vontade e em quase todos os homens também se limita a servi-la, de maneira que sua vida se reduz a esse uso e ao que dele obtém, é empregado de modo abusivo em todas as artes e ciências *liberais*; e nesse uso se estabelecem os progressos e a honra do gênero humano.

47

Desde sempre, todos os povos reconheceram que o mundo, além de sua coerência *física*, tem uma coerência *moral*; de fato, esta seria a verdadeiramente essencial. No entanto, em toda parte só se chegou a uma consciência indistinta da questão, consciência essa que, buscando expressar-se, se revestiu de toda sorte de imagens e mitos (fábulas). Essas são as *religiões*.

Os filósofos, por sua vez, esforçaram-se para alcançar uma compreensão clara da questão e talvez até tivessem conseguido se as religiões lhe tivessem dado carta branca.

48

De modo geral, dentro dos limites do conhecimento humano, *minha filosofia* é a verdadeira solução para o enigma do mundo. Nesse sentido, ela pode ser chamada de *revelação*. Esta é inspirada pelo espírito da *verdade*: no quarto livro [de *O mundo como vontade e representação*] existem até alguns parágrafos que poderíamos considerar inspirados pelo Espírito *Santo*.

49

O objetivo do *drama* em geral é mostrar-nos com um exemplo o que seriam a essência e a existência do homem. No drama nos podem ser dedicados o lado triste ou alegre da essência e da existência, ou também as transições entre ambas. No entanto, a expressão "essência e existência do homem" já contém o germe da controvérsia que questiona se o principal seria a essência, isto é, as características, ou a existência, isto é, o destino, o acontecimento, a ação. De resto, ambas estão de tal forma interligadas que seu conceito até pode ser separado, mas não sua representação. Apenas as circunstâncias, os destinos e os acontecimentos fazem com que as características exprimam sua essência, e apenas das características é que surge a ação que produz os acontecimentos. Por certo, na representação pode-se dar mais ênfase a um ou a outro elemento. Nesse sentido, a comédia de caracteres e a comédia de intrigas representam os dois extremos.

50

Ao se assistir à *morte* de um homem ou de um animal, como se pode presumir que esta é a transformação de uma coisa em si *em nada*? Antes, é do conhecimento imediato e intuitivo de todo homem que apenas uma aparência encontra seu fim no tempo, forma de todas as aparências, sem que seja contestada a coisa em si; por essa razão, em todas as épocas o homem se esforçou para exprimir esse fato nas formas e nas expressões mais variadas, que, no entanto, em sua totalidade e em seu verdadeiro sentido, por serem tiradas da aparência, apenas a ela se referem.

51

A *química* pura e simples pode até capacitar alguém para ser farmacêutico, mas não para ser filósofo.

52

Se criticássemos o *espírito do mundo* por ele *aniquilar* os indivíduos após uma breve existência, ele diria: "Vê esses indivíduos, vê seus erros, suas ridicularias, suas maldades e suas atrocidades! Devo mesmo deixá-los existir para sempre?!"

53

No mundo existe apenas *um* ser mentiroso: *o homem*. Todos os outros são verdadeiros e sinceros, na medida em que se mostram abertamente como aquilo que são e se manifestam tal como se sentem. Uma expressão emblemática ou alegórica dessa diferença fundamental está no fato de que todos os animais andam pelo mundo em seu aspecto natural, o que muito contribui para suscitar aquela impressão tão agradável que se tem ao vê-los e que sempre faz meu coração desabrochar, principalmente quando se trata de animais livres; – enquanto o homem, com suas vestimentas, transformou-se em um personagem grotesco, em um monstro que, só de ser visto, causa aversão, efeito que é favorecido por sua cor branca, que não lhe é natural, e por todas as consequências repugnantes de uma alimentação à base de carne e contrária à natureza, das bebidas alcoólicas, do tabaco, das libertinagens e das doenças. O homem está ali como uma mácula na natureza! – Os gregos, que se davam conta disso, restringiam ao máximo as vestimentas.

54

A desculpa que, em certas ocasiões, se dá para alguns vícios: "mas isso é *natural do homem*", já não é suficiente; em seu lugar, deve-se responder: "Justamente por ser ruim é *natural*, e justamente por ser *natural* é ruim". – Para se compreender isso corretamente, é preciso ter conhecido o sentido da teoria do pecado original.

55

Ao observar a humanidade agir, sinto-me impelido – e espero que outras pessoas sintam o mesmo – a um conhecimento intuitivo e à certeza de que a geração atual, segundo seu *verdadeiro cerne*, chega a ser *diretamente idêntica* a todas as gerações anteriores. Resta apenas saber em que exatamente consiste esse cerne e quanto da essência das gerações lhe pertence. – A resposta que minha filosofia oferece a essa questão é conhecida. O mencionado conhecimento intuitivo, como se prefere dizer, surge do fato de que as lentes de multiplicação, que são o tempo e o espaço, sofrem como que uma intermitência de sua eficácia. Justamente essa intermitência constitui a base de todas as teorias da metempsicose.

56

Não há diferença de situação, de classe e de nascimento tão grande como o abismo entre os inúmeros milhões que consideram e usam a própria *cabeça apenas como um servo do próprio ventre*, ou seja, como um instrumento para atender os objetivos da vontade, e os extremamente poucos e raros que têm coragem de dizer: "Não, o cérebro é bom demais para isso; ele deveria agir apenas para atender seus próprios objetivos, portanto, para conceber o admirável e colorido espetáculo deste mundo e, depois, reproduzi-lo desta ou daquela maneira, como ilustração ou esclarecimento, segundo a natureza dos indivíduos que o comportam em cada época." Estes são os verdadeiramente *nobres*, a autêntica nobreza do mundo. Os outros são servos da gleba, *glebae adscripti* [presos à gleba].

Por certo, aqui estamos nos referindo apenas àqueles que, além da coragem, possuem a vocação e, portanto, o direito de eximir o cérebro de servir a vontade, fazendo com que o sacrifício valha a pena. Nos outros, em que tudo isso existe apenas parcialmente, aquele abismo tampouco é grande; porém, uma linha nítida de demarcação sempre perdura, mesmo em um talento modesto, mas bem delineado.

57

A grande maioria das pessoas é feita de maneira que, de acordo com sua natureza como um todo, nada pode ser mais sério para elas do que comer, beber e copular. Tudo o que as naturezas raras e superiores trouxeram ao mundo, seja na forma de religião, seja naquela de ciência ou arte, logo é usado pela maioria dos homens como instrumentos para alcançar seus objetivos mesquinhos, na medida em que, na maioria das vezes, os transformam em suas máscaras.

58

O fato de que temos, *a priori*, consciência de nossos *conhecimentos* não permite outra explicação além daquela de que eles são formas de nosso intelecto: aliás, isso é menos uma explicação do que justamente apenas a expressão clara do próprio fato. Pois, *a priori*, não significa outra coisa a não ser "não adquirido com a experiência, portanto, que não entrou em nós vindo de fora". No entanto, o que existe no intelecto sem ter vindo de fora é justamente o que já lhe pertencia originariamente, sua própria essência. Portanto, se isso que nele já existe consiste no modo geral como todos os seus objetos se apresentam e têm de se apresentar a ele, significa que esse elemento preexistente são as formas de seu conhecimento, ou seja, a maneira definitivamente estabelecida como ele cumpre essa sua função. Por conseguinte, no fundo, "conhecimentos *a priori*" e "formas próprias do intelecto" são apenas duas expressões para a mesma coisa, ou seja, de certo modo, são sinônimas.

59

Se eu vivesse para ver uma *edição completa* de minhas obras, a epígrafe do título principal seria: *non multa* [não muitas coisas].

60

Como a vontade de viver poderia suportar essa existência vazia, oca e dolorosa por um tempo infinito, se *a morte* e seu irmão, o nascimento, não *renovassem constantemente o intelecto* para toda vontade individual, fazendo com que o *Lete* fosse aquele que ao menos tira a monotonia do que não é desfrutado, permitindo que aquilo que é repetido milhões de vezes sempre apareça como algo novo?

61

Ao se julgar um *indivíduo humano*, dever-se-ia sempre ter em mente que seu fundamento é algo que não deveria ser, é algo pecaminoso e invertido; aquilo que é entendido como pecado original, a razão pela qual ele é destinado à morte; e essa maldade fundamental se exprime de modo característico no fato de que ninguém tolera ser observado atentamente. O que se pode esperar de um ser como esse? Se partirmos dessa premissa, iremos julgá-lo com mais indulgência, e não nos admiraremos se os diabos que nele se escondem despertarem e aparecerem, e saberemos avaliar melhor o lado bom que, não obstante, encontramos nele, seja em consequência do intelecto, seja por outra razão qualquer. – No entanto, em segundo lugar, também devemos refletir sobre sua situação e ponderar que a vida é essencialmente um estado de necessidade e, muitas vezes, de aflição, no qual cada um tem de lutar e pelejar pela própria existência e, por isso, nem sempre consegue apresentar um semblante agradável. – Se, ao contrário, o homem fosse aquilo que dele querem fazer todas as religiões e as filosofias otimistas, ou seja, a obra ou até mesmo a encarnação de um deus, de modo geral, um ser que em todos os sentidos deveria existir e existir tal como existe – que diferente impressão da atual nos deveriam causar a primeira visão, o conhecimento mais aprofundado e as relações contínuas com cada ser humano!

62

Pardon is the word to all [perdão é a palavra para tudo] ([Shakespeare], *Cymbeline*, Act 5, Scene 5).

Devemos ter tolerância com toda a *estultice*, com todos os *erros* e com todos os *vícios humanos*, considerando que aquilo que temos diante de nós não passa de nossa própria estultice, de nossos próprios erros e de nossos próprios vícios: de fato, são os erros da humanidade, à qual também pertencemos e cujos erros, por conseguinte, trazemos todos em nós, portanto, também aqueles que agora nos causam indignação somente porque, justamente agora, não afloram em nós. Aliás, não se encontram na superfície, mas embaixo, na base, e aflorarão na primeira ocasião e se mostrarão tal como agora os vemos nos outros; embora em um indivíduo se sobressaia determinado erro e, em outro, aquele outro erro, ou ainda que não se possa negar que a medida total de todas as qualidades ruins seja muito maior em um indivíduo do que em outro. Pois a diferença entre as individualidades é incalculavelmente grande.

63

Sobre a filosofia da *história da humanidade*.

A *história*, de um extremo a outro, sempre narra guerras, e o mesmo tema é objeto de todos os monumentos, tanto dos mais antigos, quanto dos mais modernos. Contudo, a origem de todas as *guerras* é a *vontade de roubar*; por isso, Voltaire diz, com razão: *Dans toutes les guerres il ne s'agit que de voler* [Em todas as guerras, trata-se apenas de roubar]¹. Aliás, tão logo um povo experimenta um *excedente de forças*, em vez de viver do próprio trabalho ele ataca os vizinhos, a fim de apropriar-se do fruto do trabalho deles, seja simplesmente daquele existente no momento, seja também daquele futuro, se consegue subjugá-lo. Isso fornece material para a história universal e para as proezas de seus heróis. De modo particular, parece que, no verbete *gloire* [glória], os dicionários franceses tratam, primeiramente, da glória artística e literária, e depois, em *gloire militaire* [glória militar], encontra-se apenas: *voyez butin* [ver "butim"].

Entretanto, parece que dois povos muito religiosos, *o hindu e o egípcio*, quando experimentavam um excedente de forças, geralmente o empregavam não em saques ou proezas heroicas, e sim em *construções*, que desafiam os milênios e honram sua memória.

64

Tudo o que é *intelectual* (a produção, a capacidade, o mérito) está para *o que é moral* como uma simples imagem está para a realidade.

65

Em duas passagens do Antigo Testamento (LXX) [Salmos 90, 10], a *duração da vida* humana é estabelecida

---

1. "Dieu et les hommes", in: *Œuvres de M. de Voltaire, Pièces détachées*. Genebra, Cramer et Bardin, 1775, vol. I, p. 4. Cf. nº 193, 290.

em setenta anos e, quando a pessoa é saudável, em oitenta anos, e, o que é mais importante, Heródoto diz o mesmo (I, 32 e III, 22)². Porém, além de errôneo, esse é apenas o resultado de uma concepção rudimentar e superficial da experiência cotidiana. Pois, se a duração natural da vida fosse de setenta a oitenta anos, as pessoas entre setenta e oitenta anos teriam, necessariamente, de morrer *de velhice*, mas não é o que acontece: como as mais jovens, elas morrem *de doenças*. Todavia, a doença é, essencialmente, uma anomalia; portanto, não é o fim natural. Somente entre noventa e cem anos é que, em regra, as pessoas morrem *de velhice*, sem doença, sem agonia, sem estertor, sem convulsão e, algumas vezes, sem empalidecer; isso é o que se chama de *eutanásia*. Por essa razão, nesse aspecto o *Upanixade* também está certo ao estabelecer, em duas passagens, a duração natural da vida em cem anos.

66

Uma *vida feliz* é impossível: o máximo que o ser humano consegue alcançar é uma *vida heroica*. Leva uma vida heroica quem, de algum modo, em alguma ocasião e com extrema dificuldade, luta pelo bem de todos e, no final, sai vencedor, embora seja mal recompensado ou

---

2. Cf. a carta a Johann August Becker, de 1º de março de 1858, em *Sämtliche Werke*, organizado por P. Deussen, vol. XV: *Der Briefwechsel Arthur Schopenhauers*, vol. II, nº 680, p. 624.

não receba nenhuma recompensa. Então, por fim, tal como o príncipe no *Re cervo*, de Gozzi, essa pessoa permanece petrificada, porém, em posição nobre e com atitude magnânima. *On meurt les armes à la main* [Morre-se com as armas na mão][3]. Sua memória permanece, e tal pessoa é festejada como um *herói*; sua *vontade*, que durante a vida inteira é mortificada pelo esforço e pelo trabalho, pelo escasso sucesso e pela ingratidão do mundo, *extingue-se no nirvana*. (Foi nesse sentido que Carlyle escreveu *Hero worship*.)

67

Por trás do mundo esconde-se algo diferente, que se torna acessível a nós quando o merecemos, na medida em que *nos livramos do mundo*.

68

Preciso confessar com sinceridade: ver *qualquer animal* deixa-me logo feliz e faz meu coração desabrochar; geralmente isso acontece quando vejo cães e, depois, todos os animais livres, as aves, os insetos e o que mais houver. Em contrapartida, ver o homem quase sempre me causa uma decisiva aversão: pois, continuamente e com raras exceções, ele apresenta as distorções mais

---

3. Cf. Voltaire, "Essai sur l'histoire générale, et sur les mœurs et l'esprit des nations, depuis Charlemagne jusqu'à nos jours", in: *Œuvres de M. de Voltaire*, vol. XII. Genebra, Cramer, 1756, p. 240.

repulsivas, em todos os modos e aspectos, a fealdade física, a expressão moral das paixões inferiores e da ambição desprezível, sinais de demência, bem como de perversões intelectuais e estultices de toda espécie e dimensão e, finalmente, a falta de higiene, em decorrência de hábitos repugnantes: por essas razões, afasto-me dele, fujo para a natureza *vegetal* e fico feliz quando encontro *animais*. Dizei o que quiserdes! No degrau supremo de sua objetivação, a vontade não proporciona nenhuma bela visão, e sim uma visão repulsiva. Só a cor branca do rosto já é antinatural, e ter de cobrir todo o corpo com vestimentas, uma triste necessidade do Norte, uma deformação.

69

Escarneceis dos éones e kalpas do *budismo*! – Certamente, o *cristianismo* adotou um ponto de vista a partir do qual abrange um período; já o budismo adotou um ponto de vista a partir do qual a infinitude no tempo e no espaço se apresenta a ele e se torna seu tema.

70

Para o *intelecto a serviço da vontade*, portanto, no uso prático, existem apenas *coisas individuais*; para o intelecto que exerce a arte ou a ciência, portanto, que age por si mesmo, existem apenas *generalidades*, uma totalidade de gêneros, espécies, classes e *ideias* de coisas; uma vez que até o artista figurativo quer representar a ideia, ou seja, a espécie no indivíduo. Isso se baseia no fato de que a *vontade* está imediatamente voltada apenas para coisas individuais: estas coisas são seus verdadeiros objetos, pois apenas elas têm realidade empírica. Por outro lado, conceitos, classes e gêneros só podem tornar-se seus objetos de modo muito indireto. Por essa razão, o homem rudimentar não tem senso para verdades universais; já o gênio não repara e perde a verdade individual: para ele, ter de se ocupar do individual como tal, o que constitui o conteúdo da vida prática, é uma difícil corveia.

71

O *Olimpo dos romanos* é o grego; portanto, muito cedo, em tempos pré-históricos, foi levado para a Itália pelos gregos ou pelos pelasgos. Mas todos os *deuses romanos* tinham nomes diferentes dos deuses gregos; portanto, aqueles que os introduziram tiveram de traduzi-los para a língua existente, que era etrusca, osca, úmbria ou algo parecido. Do mesmo modo, ao ser levado aos povos germânicos e góticos, o deus judaico *Jeová* teve de ser traduzido para o nome de um de seus deuses, do *Wodan, Guodan, Godan, God, Gott*.

72

Talvez muitos possam escandalizar-se com o fato de que a música, que frequentemente nos soa tão sublime a ponto de nos fazer presumir que está falando de mundos melhores do que este, segundo nossa metafísica a respeito deles, na verdade exalta a ilusão que é a vontade de viver, fazendo-lhe um retrato prévio de seu êxito e exprimindo sua alegria. Encontro a melhor expressão dessa reflexão em uma passagem dos Vedas: *"Et 'anand sroup', quod forma gaudii est, ex hoc dicunt, quod, quocunque loco gaudium est, particula gaudii ejus est"* (*Oupnekhat*, vol. 1, p. 405 e vol. 2, p. 215). E *anand sroup*, ou seja, formas da *alegria*, é como o espírito original é chamado, pois, onde há alguma alegria a ser encontrada, essa alegria é uma *partícula de suas alegrias*.

73

Quando alguém consulta como oráculo as *mesas que batem* e elas lhe anunciam corretamente o que é ausente, ou melhor, futuro, isso pode ser explicado pelo fato de que aquilo que tal pessoa sabe inconscientemente lhe é trazido à consciência por intermédio da mesa.

O mundo é pela vontade
Criado e conservado.
Quando por ela é regido,
As mesas tomam partido.[4]

Em nós se esconde um profeta celestial, que se faz ouvir no sonambulismo e na clarividência quando anuncia aquilo de que não temos consciência antes e depois do estado de vigília. Mesmo em sono profundo, ele sabe

---

4. Cf. a carta a Julius Frauenstädt, de 28 de janeiro de 1854, em *Sämtliche Werke*, organizado por P. Deussen, vol. XV: *Der Briefwechsel Arthur Schopenhauers*, vol. II, nº 409, pp. 270-5.

tudo e, às vezes, tenta transmiti-lo ao cérebro em sonhos alegóricos e, mais raramente, teoremáticos. Porém, com frequência, não consegue transmitir nada além de uma intuição indistinta. Vede o ensaio "Sobre a visão de espíritos etcetera"[5]. O que é trazido à consciência por meio das batidas da mesa deve ser a onisciência desse profeta, como um som do qual só se ouve o eco; ou como no caso do nosso rosto, que não conseguimos enxergar diretamente, mas apenas no espelho, graças ao reflexo dos raios luminosos. Mesmo quando o requerente não toca a mesa, ele acaba agindo sobre ela através daqueles que a tocam, em virtude da unidade da coisa em si, presente em todos os seres. Com sua influência volitiva, *Dupotet* priva as pessoas de vontade, de maneira que elas realizam todos os movimentos obedecendo ao aceno e à vontade *dele*, e não mais segundo seu próprio aceno e sua própria vontade. E agora também *uma mesa* tem uma vontade, ainda que bastante fraca, que se manifesta como gravidade: mas essa vontade também é dominada por aquela das mãos das pessoas que as dispuseram sobre a mesa, de modo que *esta*, em vez de seguir *sua própria* vontade, segue a das pessoas.

74

Mas se alguém lançasse a pergunta, querendo saber se a natureza não deveria ter dado aos *insetos* ao menos

---

5. Em *Sämtliche Werke*, organizado por P. Deussen, vol. IV: *Parerga und Paralipomena*, vol. I, pp. 251-344.

o intelecto necessário para que não precipitassem na chama de luz, a resposta seria: certamente que sim; contudo, não saberiam que os homens fundiriam e acenderiam luzes, e *natura nihil agit frustra* [a natureza nada faz em vão]. Apenas um ambiente inatural não é suficiente para o intelecto dos insetos.

75

Na *matemática*, a mente se ocupa de suas próprias formas de conhecimento, o tempo e o espaço – por essa razão, equipara-se ao gato que brinca com a própria cauda.

76

Prólogo.
Os professores de filosofia fizeram honestamente sua parte para, sempre que possível, impedir que o público conhecesse meus escritos. Ao longo de quarenta anos, reuniram sua persistência e seus esforços para reprimir e sufocar minha obra, servindo-se dos meios mais eficazes e covardes de todos para ignorá-la em unânime silêncio. Por quase quarenta anos fui seu *Kaspar Hauser*, que eles enclausuraram tão bem e impediram com tanto cuidado de ver a luz do dia que o mundo não fazia nenhuma ideia de sua existência. Todavia, por fim, até o Kaspar Hauser conseguiu escapar e, assim, finalmente minha filosofia também conseguiu desafogar-se e penetrar no público; pois, no fim, o que é bom e autêntico sempre acaba sen-

do reconhecido, por mais que, em todas as épocas, toda a mediocridade lute contra isso em fileiras cerradas, como se estivesse lutando contra o inimigo comum. A maior parte dos professores de filosofia ainda me ignora, não me conhece. Certamente terei de envelhecer para viver o dia em que vão me conhecer; e agora eles zombam de mim, dizendo que sou um velho.

77

Na verdade, as descrições e construções do *desenvolvimento do Absoluto*, de Deus ou coisas semelhantes sobre o surgimento do mundo (breve compilação dos mesmos em *Caji Antibarbari logicus*, p. 75)[6], feitas pelos neoplatônicos, por Escoto Erigena, Jakob Böhme e Schelling, bem como pelos schellinguianos, são *tentativas* veladas *de fazer algo a partir do nada*. No fundo, a base dessas demonstrações esconde leis naturais, que, no entanto, são incompatíveis com semelhante Absoluto. Delas estou totalmente livre.

78

A *lógica* está para a *gramática* como o corpo está para a roupa.

---

6. Cajus (F. H. T. Allihn), *Des Antibarbarus Logicus*, 2ª ed. revista e ampliada, parte 1: *Einleitung in die allgemeine formale Logik*. Halle, R. Mühlmann, 1853.

79

O *conhecimento puro e desprovido de vontade* aparece na medida em que a consciência de outras coisas intensifica-se a ponto de a consciência de si mesmo desaparecer.

80

Que somos *meras aparências* em oposição às coisas em si é comprovado, exemplificado e demonstrado pelo fato de que a *conditio sine qua non* [condição indispensável] para nossa existência é formada pela emanação e pelo afluxo constantes da matéria, como alimento cuja necessidade sempre retorna: pois nela nos assemelhamos aos fenômenos produzidos por uma fumaça, uma chama, um jato de água, que se extinguem ou se interrompem tão logo falte o afluxo da matéria necessária.

81

Também se pode dizer: *a vontade de viver* se apresenta em meras aparências, que se *anulam* totalmente. No entanto, com todas as aparências, esse nada permanece dentro da *vontade de viver*, repousa em seu fundo. Certamente, isso é obscuro.

82

Ao ver um amplo panorama e me dar conta de que ele surge na medida em que as funções de meu cérebro

– portanto, tempo, espaço e causalidade – são empregadas em certas manchas que surgiram em minha retina, sinto que carrego esse panorama *em mim* e que a identidade entre minha essência e todo o mundo exterior torna-se extraordinariamente tangível.

83

Derivar *o específico do genérico* pode ser considerado o objetivo de toda *conclusão*. Porém, isso só é possível mediante a união de dois conceitos genéricos (como *terminus minor et major* [conceito menor e maior]), que na união (*copula*) não podem existir como tais, e sim, a partir da clara transparência, concretizam sua generalidade em uma *precipitação* – do mesmo modo como uma solução metálica é preenchida por um álcali como precipitação insolúvel e colorida.

84

É próprio das representações *budistas* – por exemplo, quando falam a respeito da degeneração gradual do gênero humano – mostrar degenerações *físicas* ou catástrofes ocorridas na natureza externa como efeito dos erros *morais*; por essa razão, ainda hoje, na China, as epidemias, as más-formações e outros problemas semelhantes são vistos como consequências das culpas morais do imperador. O fundamento de tudo isso é a ideia de que a natureza é a objetivação da vontade de viver e caminha em sintonia com sua constituição moral: "Tal sua vontade, tal seu mundo" foi o que eu disse em *O mundo como vontade e representação*, volume I, 397.

85

Em comparação com os seres humanos, todos os animais contam com certa expressão de *inocência*, que muito contribui para nos alegrar quando os vemos, sobretudo em estado de liberdade. Porém, o surgimento da razão e, com ela, da peculiaridade, tirou dos *homens* a *inocência* da natureza. Por isso, também se poderia interpretar o mito de que o homem provou da árvore do bem e do mal. – Vez por outra, apenas as crianças, ou melhor, apenas os rapazes carregam a marca da inocência.

86

É uma tentação querer chamar de bisbilhoteiros da natureza os *estudiosos das ciências naturais*, que são extremamente microscópicos e micrológicos.

Todavia, as pessoas que presumem que cadinhos e retortas são as verdadeiras e únicas fontes de toda a sabedoria estão tão enganadas em sua maneira de pensar quanto outrora os escolásticos na sua: aliás, assim como eles, que estavam totalmente envolvidos em seus conceitos abstratos, deles se ocupavam e nada mais conheciam nem validavam além deles, hoje as pessoas estão inteiramente envolvidas em sua empiria, nada validam além daquilo que seus olhos veem e, com isso, julgam que alcançam a base de tudo, sem imaginar que, entre a aparência e a coisa em si, existe um abismo, uma diferença radical, que só pode ser esclarecida depois que se conhece e delimita com precisão a parte subjetiva da aparência. Tampouco imaginam que as últimas e mais importantes informações só podem ser criadas a partir da autoconsciência. Sem tudo isso, não é possível dar um passo para fora do que é imediatamente fornecido aos sentidos; portanto, não se consegue ir além do problema.

87

Aquilo que, visto de dentro, é a *capacidade de conhecimento*, visto de fora é *o cérebro*.

88

Não há muito que se *invejar* em ninguém; muito há que se *lamentar* em inúmeros.

89

O que uma nação tem a apresentar em obras das *belas artes, da poesia e da filosofia* é o produto do excedente de *intelecto* que nela existe.

90

O pior de tudo é isto: em consequência da subjetividade essencial da consciência, cada um é, por si mesmo, o mundo inteiro; tudo o que é objetivo é apenas indireto, como mera representação do sujeito; tudo depende da autoconsciência. O único mundo que o indivíduo realmente conhece e do qual sabe, ele carrega em si mesmo como sua representação. Contudo, por essa razão, cada um é tudo em tudo, e nada pode ser mais importante para ele do que ele próprio. Tanto é verdade, que seu si mesmo apresenta-se na observação *subjetiva*, embora na *objetiva* ele se reduza a quase *nada*, ou melhor, a cerca de 1/1.000.000.000 da humanidade. Mas então ele sabe com certeza que justamente esse si mesmo, importante acima de tudo, esse microcosmo, cuja mera modificação aparece como macrocosmo, portanto, seu mundo inteiro, tem de findar na morte, sem que, com alguma segurança, uma nova perspectiva se abra. Para cada um, a morte é o declínio do mundo.

91

Para esclarecer a *mania de espiritismo dos americanos*, entre outras coisas, poder-se-ia dizer: após a morte, resta apenas a vontade nua e crua, sem intelecto. Para perceber o que existe, essa vontade precisa de um intelecto alheio (fornecido pelo *médium*), do qual ela se apropria como um parasita; é por meio desse intelecto que ela tem sua percepção e, em seguida, de acordo com essa percepção, exerce a força mágica à disposição de toda vontade, portanto, também àquela de quem morreu, batendo [nas mesas], atirando [objetos] etc.

92

Um bom *ator* precisa ter: 1) o talento de transmitir externamente o que possui internamente; 2) criatividade suficiente para imaginar circunstâncias e acontecimentos inventados com tanta vivacidade a ponto de comover seu próprio íntimo; 3) inteligência, experiência e formação suficientes para ser capaz de entender apropriadamente os caracteres e as relações humanas.

93

O fato de a *verdade* soar estranha a vossos ouvidos é ruim o suficiente, mas não me pode servir como critério.

94

Os *grandes intelectos*, por serem tais, devem poupar os pequenos, pois, sendo tudo relativo, só são grandes devido à pequenez destes.

95

"Mas os judeus são o povo escolhido por Deus." – Pode ser; mas gosto não se discute: por mim não são escolhidos. *Quid multa?* [Para que tantas palavras?] Os judeus são o povo escolhido por seu Deus, que, por sua vez, é o Deus escolhido por seu povo, e isso não interessa a mais ninguém.

96

As *obras* são a *quintessência* de um homem de espírito: por isso, mesmo que ele seja o maior de todos, elas serão sempre muito mais ricas de conteúdo do que suas relações pessoais e as substituirão naquilo que é essencial – chegando a superá-las e a deixá-las para trás. Até mesmo os textos de uma mente mediana podem ser instrutivos, dignos de leitura e interessantes, justamente porque constituem sua *quintessência*, o resultado, o fruto de todo o seu pensamento e de seu estudo; enquanto suas relações pessoais podem não nos bastar. Por essa razão, podem-se ler livros de pessoas com as quais não teríamos nenhum prazer em conviver; por isso, aos poucos, a alta cultura intelectual nos leva a encontrar mais divertimento quase exclusivamente nos livros, e não mais nos homens.

97

O *teísmo* pensado com seriedade pressupõe, necessariamente, que se divida o mundo em *céu e terra*: *nesta* circulam os homens; *naquele* está Deus, que a rege. Se a astronomia nega o céu, ela *também* nega Deus; aliás, ela estendeu tanto o mundo que não restou espaço para Deus. Todavia, um ser pessoal, como inevitavelmente deve ser todo deus, que não tenha um *lugar* próprio, mas que esteja em toda parte e em parte alguma, pode ser apenas enunciado, não imaginado e, portanto, não pode ser objeto de uma crença. Por conseguinte, na medida em que a astronomia física for popularizada, o teísmo deverá desaparecer, por mais que ele seja solidamente impresso nos homens com as mais incansáveis e solenes sugestões.

98

Existem três *aristocracias*: 1) a do nascimento e da posição social, 2) a aristocracia do dinheiro e 3) a aristocracia espiritual. Esta última é, propriamente, a mais nobre e é reconhecida como tal com o passar do tempo. Já dissera Frederico, o Grande: *Les âmes privilégiées rangent à l'égal des souverains* [Os espíritos privilegiados estão no mesmo nível dos soberanos][7], dirigindo-se especialmente ao marechal de sua corte, que se escandalizou com o fato de que, enquanto ministros e generais comiam à sua mesa, Voltaire tomava lugar à mesa à qual já estavam sentados os governantes e seus príncipes. – Cada uma dessas aristocracias é cercada por um exército de invejosos, que, secretamente, exaspera-se contra cada um de seus membros e, quando nada têm a temer de uma dessas pessoas eminentes, esforçam-se de várias maneiras para dar-lhes a entender que "não és em nada superior a nós"! Porém, justamente esses esforços denunciam que estão convencidos do contrário. Contra esse tipo de situação, o comportamento a ser empregado

---

7. "Des mœurs, des coutumes, de l'industrie, des progrès de l'esprit humain dans les arts et dans les sciences", in: *Œuvres de Frédéric le Grand*, organizado por J. D. E. Preuss, vol. I. Berlim, Decker, 1846, p. 262.

pelos invejados consiste em manter afastados todos os membros pertencentes a esse grupo e evitar, o máximo possível, todo contato com eles, de maneira que permaneçam separados por um extenso abismo. Entretanto, quando isso não for possível, é aconselhável suportar com a máxima calma os esforços daqueles, já neutralizados pela origem destes. – De resto, vemos continuamente esse comportamento ser aplicado. Por outro lado, geralmente os membros de uma dessas aristocracias se entenderão bem com aqueles das duas outras, sem deles sentirem inveja, pois cada um põe na balança o próprio mérito em contraposição ao do outro.

99

O *humanismo* implica o *otimismo* e, nesse sentido, é *errôneo*, parcial e superficial. – Justamente por isso, há quarenta anos, o chamado *romantismo* insurgiu-se contra seu predomínio na literatura alemã, que também predominava nas obras de Goethe e Schiller, e apontou para o espírito do cristianismo, que é *pessimista.*

Atualmente, pela mesma razão, *contra* o humanismo – cuja influência, por fim, ameaça suscitar o *materialismo* –, insurge-se o partido ortodoxo e devoto, que mantém o lado pessimista, apelando para o *pecado original* e para o *redentor do mundo*. Contudo, em seguida, esse partido tem de aceitar toda a mitologia cristã e defendê-la energicamente como verdadeira *sensu proprio* [em seu sentido próprio] – o que hoje não pode dar certo.

Em vez disso, esse partido deveria saber que o conhecimento da pecabilidade e da depravação, naturais ao gênero humano, da dor do mundo, bem como da esperança de salvar-se dele e de livrar-se do pecado e da morte não é, de modo algum, uma peculiaridade do *cristianismo* e, portanto, inseparável de sua estranha mitologia. Ao contrário, esse conhecimento possui um campo muito mais amplo, ou seja, mais evidente e radicado nas religiões asiáticas, que são muito mais antigas [do que o cristianismo] e guiam a maioria do gênero humano. Nessas religiões, o conhecimento assume formas totalmente diferentes e já existia há muito tempo, antes da chegada dos nazarenos.

100

A *maldade* é a cola que aglutina as pessoas. Quem não a tem em quantidade suficiente se desprende e cai. Quando fui obrigado a tomar conhecimento disso pela primeira vez, em minha juventude, eu não sabia o que me faltava.

1854

101

Minha *concepção* de um corpo no espaço é o produto de minha função sensorial e cerebral com X.

102

Assim que alguém fala de *Deus*, não sei *do que* está falando.

103

O caráter das coisas deste mundo, especialmente do mundo dos homens, não é tanto, como se costuma dizer, a *imperfeição*, mas, antes, a *distorção* nos campos moral, intelectual, físico, em tudo.

104

All the world is a stage,
And all the men and women the players on it.
(Sic fere [mais ou menos segundo] *As you like it.)*[1]

---

1. *All the world's a stage,*

Absolutamente certo! Todo o mundo, independentemente do que seja de fato e em si, tem um *papel* a desempenhar, que o destino lhe atribuiu a partir de fora, determinando sua posição social, sua educação e suas condições de vida. A aplicação prática que me parece mais evidente é a de que, na vida, como no palco, deve-se distinguir o ator de seu papel; portanto, o homem como tal daquilo que ele representa, ou seja, do papel, da posição social e das condições de vida que lhe foram atribuídos. Ora, assim como muitas vezes o pior ator faz o papel do rei, e o melhor, o do mendigo, isso também pode acontecer na vida. Nela também existe a *rudeza* de confundir o ator com seu papel.

105

Disse Vauvenargues:
1) *Les grandes pensées viennent du cœur.*
[Os grandes pensamentos vêm do coração.]
2) *La clarté est la bonne foi des philosophes.*
[A clareza é a boa-fé dos filósofos.][2]
Quero lê-lo.

And all the men and women merely players.

[O mundo inteiro é um palco

E todos os homens e todas as mulheres, meros atores.]

W. Shakespeare, *As You Like It*, II, 7, vv. 140-141.

2. *Œuvres completes de Vauvenargues*, vol. II: *Réflexions et Maximes*. Paris, Dentu, 1806, pp. 20 (nº 127) e 85 (nº 372). Cf. M. Cervantes, *Don Quijote*, II, 16.

106

A atual filosofia universitária ou, em contraposição, a filosofia de conselheiros da corte nega ser como tal e simula a liberdade de pesquisa. Todavia, logo aparece o que Napoleão I já designava como um grande inconveniente: *Les paroles ne vont pas aux choses* ["As palavras não se referem às coisas"].

107

Para mim, o desejo que todos têm de serem *lembrados* após a morte e que, nos ambiciosos, eleva-se ao *desejo de glória póstuma*, parece surgir do apego à vida, que, vendo-se excluído de toda possibilidade de existência real, tenta então agarrar-se à única existência ainda disponível, embora apenas ideal, seguindo, portanto, a uma sombra.

108

O homem é algo diferente de um nada animado: e *o animal também*.

109

Entre um ser humano e outro, como uma larga cova, sempre está o *egoísmo*. Se algum dia alguém realmente o pular para socorrer outro ser humano, será como um milagre, que provocará espanto e aplausos.

110

Aprendemos a nos *conhecer a nós mesmos*, bem como aos outros, *de maneira meramente empírica*; por conseguinte, somente *quando* a ocasião se nos oferece. Dependendo de como, em determinado caso, forem demonstradas a prudência, a coragem, a autonomia, a astúcia, a inteligência ou o que mais ele exigir, ou ainda a falta dessas virtudes, ficaremos satisfeitos ou não conosco mesmos em consequência da relação que acabamos de travar.

111

À propos de bottes [no que se refere ao sexo dos anjos], Julius Stahl, em *Philosophie des Rechts*, volume 2, 3ª edição, 1854, p. 280, cita uma frase que teria sido dita por *Schelling*: "Todo ser é *vontade*, e a *vontade* é aquilo que resiste na matéria." Entretanto, ele não diz onde nem *quando* Schelling teria dito isso[3].

112

Exigir que um grande intelecto acredite seriamente na religião *cristã* ou em qualquer outra é como exigir que um gigante calce o calçado de um anão.

---

3. F. J. Stahl, *Die Philosophie des Rechts*, vol. II: *Rechts- und Staatslehre auf der Grundlage christlicher Weltanschauung, I. Abteilung: enthaltend die allgemeinen Lehren und das Privatrecht*. Heidelberg, J. C. B. Mohr, 1845, 3ª ed., 1854, pp. 280-1.

113

Toda filosofia *dogmática transcendental* é uma tentativa de construir a *coisa em si* segundo as leis da *aparência*. Essa tentativa não se concretiza, pois é como aquela de justapor duas figuras totalmente desiguais, que sempre fracassa porque, por mais que se mudem as figuras de posição, a ponta ora de uma, ora de outra sempre irá sobressair.

114

O *romance* extrai da vida o que é totalmente individual e, em sua individualidade, descreve-o com precisão; porém, desse modo, também revela a existência humana como um todo, na medida em que, aparentemente relacionado com o que é individual, na verdade acaba expondo o que existe em toda parte e em todas as épocas.

Na realidade, o que foi dito aqui vale para todas as obras de arte, independentemente do gênero a que possam pertencer.

115

A razão do *envelhecimento e da morte* não é física, e sim metafísica.

116

Entre as muitas condições que levaram as obras de *Shakespeare* ao êxito, também está o fato de que ele tinha diante de si uma *nação mais inteligente* – tanto para servir-lhe de modelo quanto para compreendê-lo – do que qualquer outro país na Europa poderia ter-lhe oferecido.

117

Tanto quanto o virtuoso, o grande *dramaturgo* também é aquele em cuja totalidade, por meio de um *tat twam asi* ["és isto"], de uma identificação imediata com os outros (os personagens de seu drama), sua própria essência se reencontra ou, antes, se transplanta, apropriando-se ora deste, ora daquele, falando a partir dele, como um ventríloquo que, em um momento, fala na voz de um herói e, logo em seguida, na de uma jovem inocente, um tão verdadeiro e natural quanto o outro.

Videatur [vide] Goethe *et* Shakespeare.

118

A *sociedade* faz com que os grandes intelectos percam o gosto pela igualdade de direitos e, por conseguinte, pela igualdade de reivindicações na desigualdade das capacidades, portanto, das produções (sociais) dos outros.

119

Entre outras coisas, o que impede que os homens *se tornem mais inteligentes e mais sábios* é a *brevidade de sua vida*: a cada trinta anos tem-se uma nova geração, que nada sabe e tem de começar do zero.

120

Quem julga que sua existência se limita à sua vida presente considera-se um nada animado, pois, trinta anos antes, nada era e, depois de trinta anos, voltará a nada ser.

121

A beleza do homem jovem está para *a beleza da mulher jovem* como a pintura a óleo está para aquela em pastel.

122

É perfeitamente natural que, quanto mais devoção se exigir de um professor, menos erudição se receberá; do mesmo modo como, na época de Altenstein, era suficiente professar os disparates de Hegel. Contudo, desde que, com a ocupação das cátedras, a erudição passou a ser substituível pela devoção, os senhores não têm se excedido na primeira. – Os *tartufos* deveriam, antes, moderar-se e perguntar-se: "Quem irá acreditar que acreditamos nisso?" – O fato de *os senhores* serem professores interessa àqueles que lhes conferiram esse cargo: conheço-os apenas como maus escritores, contra cuja influência trabalho.

123

Quando apanho uma *mosca*, é óbvio que não mato a *coisa em si*, mas apenas sua *aparência*.

124

As *ideias platônicas* são as *universalia ante rem* [universais antes das coisas individuais]: a partir de sua fragmentação na *res*, elas são novamente reunidas pela razão como *conceitos universalia post rem* [após as coisas individuais]; entretanto, em seguida, em seu estado não evidente e conciso, já não podem ser comparadas a plantas em um herbário.

125

A concepção das coisas como *anestésico* da vontade é o que a Igreja chama de *graça*; contanto que não venha de fora, como que voando, sem a nossa intervenção. Assim como o recebimento da graça, segundo o dogma da Igreja, é necessário para que surta efeito, a ação do anestésico também é, em última instância, um ato de liberdade da vontade.

126

Em geral, os senhores nas universidades julgam que eu lhes deva respeito, simplesmente pela razão de que não o tiveram em relação a mim.

Julgariam os *professores de filosofia* que se pode amar a verdade, ou melhor, dedicar-lhe a própria vida, sem indignar-se da maneira mais veemente com a atividade que exercem? Primeiro, durante trinta anos, alçaram o tosco charlatão Hegel aos céus, e agora reúnem esforços para depreciar Kant, simplesmente para liberar espaço para a mitologia judaica. Falando francamente: minha intenção é dar trabalho ao trabalho dos filósofos. O Estado precisa pensar em outros recursos para orientar apropriadamente os licenciados, os pastores e os médicos de acordo com seus objetivos, em vez de desperdiçar a filosofia, mais nobre esforço da humanidade, nesse intento.

127

Como, na maioria das vezes, as *obras dos gênios* são reconhecidas apenas tardiamente, raras são as ocasiões em que elas são usufruídas por seus contemporâneos e, portanto, com o frescor do colorido que proporciona simultaneidade e presente. Em vez disso, tal como os figos e as tâmaras, são desfrutadas mais quando estão secas do que quando estão frescas.

128

Ainda que *envelheçamos muito*, em nosso íntimo sentimo-nos exatamente os mesmos que éramos na juventude, ou melhor, na infância. Isso que permanece inalterado, sempre igual e que não envelhece com o passar do tempo é o cerne de nossa essência, que *não* reside *no tempo* e, justamente por essa razão, é indestrutível.

129

O otimismo é o autoelogio injustificado do verdadeiro e real criador do mundo.

130

Por certo, seria encantador se o intelecto não se extinguisse *com a morte*: assim, levaríamos inteiramente pronto para o outro mundo o grego que aprendemos neste.

131

O *sono* é um fragmento da *morte*, que dela tomamos emprestado antecipadamente com o objetivo de reconstituir e renovar a vida exaurida ao longo de um dia. *Le sommeil est um emprunt fait à la mort* [o sono é um empréstimo tomado da morte]. O sono toma emprestado da morte a fim de preservar a vida. Ou: ele é o juro provisório da morte, que, por sua vez, constitui o pagamento do capital. Este é cobrado tanto mais tarde quanto maiores forem os juros e quanto mais regularmente forem pagos.

132

Em todos os tempos, na *república dos eruditos*, fez-se um esforço para exaltar o medíocre em todos os gêneros e diminuir o que realmente tivesse valor e até grandeza, afastando-o, quando possível, como algo incômodo.

1855

133

É sempre ruim quando as palavras não se ajustam às coisas, como a moral rigorosa na boca e a devassidão na vida.

Sobre a *poligamia*, não há o que *discutir*; ela deve, antes, ser vista como um fato existente em toda parte, que tem por tarefa a mera *regulamentação*. Onde, afinal, existem verdadeiros monogamistas? Todos nós vivemos, *ao menos* por um período, mas, na maioria das vezes, sempre, em poligamia. Por conseguinte, como todo homem precisa de muitas mulheres, nada mais justo que ele tenha a liberdade, e até a obrigação, de cuidar de muitas mulheres. Assim, a mulher também seria reconduzida ao lugar que lhe cabe e que lhe é natural, como ser subordinado que é, e a *dama*, esse monstro da civilização europeia e da estultice germano-cristã, com suas exigências ridículas de respeito e veneração, seria banida do mundo. Desse modo, continuaria a haver apenas mulheres, porém não mais *mulheres infelizes*, de que hoje a Europa se encontra repleta. – Os *mórmons* é que estão certos.

134

A *riqueza* é como a água do mar: quanto mais dela se bebe, mais sede se sente. – O mesmo vale para a fama.

135

Se a forma do intelecto não fosse *o tempo*, toda espécie animal – portanto, também o homem – se reconheceria como o único ser existente e imortal. O fato de a nulidade de nossa existência apresentar-se a nós como *efemeridade* de todas as coisas provém justamente da forma de nosso intelecto, que é o *tempo*.

136

Todos os méritos da posição social, do nascimento, mesmo quando se trata do nascimento de um rei, da riqueza e de coisas semelhantes estão para os *autênticos méritos pessoais*, para o grande espírito ou para o grande coração como os reis teatrais estão para os reais.

137

Nossa *vida é tão pobre* que nenhum tesouro no mundo é capaz de enriquecê-la, pois as fontes do prazer logo revelam sua escassa profundidade, e de nada adianta escavar em busca da *fons perennis* [fonte perene]. Por isso, existem apenas dois tipos de uso da *riqueza* em benefício próprio: empregá-la em pompa e ostentação, a fim de deleitar-se com a glória imaginária que um grupo obnubilado nos atribui, venerando-nos; ou evitar despesas desnecessárias para fazê-la crescer ainda mais, a fim de possuir um baluarte cada vez mais sólido e múltiplo contra a má sorte e a indigência, levando-se em conta o fato de que a vida é tão rica em desventuras quanto pobre em prazeres.

138

Ad vocem [por falar em] *barbas*, há que se acrescentar que são a medida de cultura de cada período histórico. Eis por que floresciam na *Idade Média*, esse milênio de rudeza e ignorância, cujo vestuário e estilo de construção nossos nobres contemporâneos se esforçam para imitar.

139

Os teólogos tentam interpretar ora de modo alegórico, ora naturalístico os *milagres* da Bíblia, para, de algum modo, livrar-se deles; pois sentem que *miraculum sigillum mendacii* [o milagre é um sinal da mentira].

140

A condição para ser *sábio* é viver em um mundo repleto de loucos.

141

O cérebro não é (como quer Flourens) a sede da *vontade*, e sim apenas aquela da *arbitrariedade*, ou seja, é o lugar da deliberação, a oficina das decisões, o campo de batalha dos motivos, cujo mais forte determina a vontade até o fim, de certo modo afugentando os outros e montando no corcel. Contudo, esse motivo não é objetivo, e sim meramente subjetivo; isto é, no que se refere à vontade que aqui é dada e dominante, ele é o mais forte. Imaginem-se duas pessoas com a mesma capacidade de compreensão e igual formação, mas de caráter extremamente diferente e até oposto, em situação idêntica. Nelas os motivos são os mesmos, e a deliberação (ou seja, sua *ponderação*) também é essencialmente igual, pois esse é o trabalho do intelecto e, objetivamente, do cérebro. Todavia, a ação se mostrará totalmente oposta nessas duas pessoas. Aquilo que produz essa diferença é *a vontade*, pois é a única coisa determinante nesse caso. Somente a vontade move os membros, e não os motivos. Sua sede não é o cérebro, e sim a pessoa inteira que, como tal, é simplesmente sua aparência, ou seja, sua objetivação evidente.

142

Casar-se significa fazer o possível para sentir aversão reciprocamente.

143

Minha doutrina afirma que *o corpo inteiro é a própria vontade*; a vontade que se apresenta na intuição do cérebro e, portanto, é introduzida nas formas de conhecimento deste último. Por conseguinte, a vontade estaria proporcionalmente presente em todas as partes do corpo; é o que, de fato, acontece, uma vez que tanto as funções orgânicas quanto aquelas animais são obra sua. Mas como conciliar com essa teoria o fato de que as *ações arbitrárias*, que são os atos mais incontestáveis da vontade, partem manifestamente do *cérebro*, para somente então, através da medula, chegar aos troncos nervosos, que, por fim, movimentam os membros e cuja paralisia ou cujo secionamento anula, portanto, a possibilidade do movimento voluntário? Nesse caso, dever-se-ia pensar que a vontade, tal como o intelecto, tem sua sede apenas no cérebro e, também como o intelecto, é mera função dele.

(*In summa*: o cérebro não é a sede da vontade, mas apenas do *ato motivado da vontade* ou da arbitrariedade.)

Todavia, não é o que acontece. Ao contrário, o corpo inteiro é e continua sendo a representação da vontade na intuição, ou seja, a própria vontade objetivamente intuída. Entretanto, quando se trata dos atos da vontade, esse processo baseia-se no fato de a vontade – que, como se sabe, se manifesta em todo fenômeno da natureza, mesmo naqueles inorgânicos – aparecer no corpo humano e no animal como uma *vontade consciente*.

Contudo, a *consciência* é algo essencialmente uniforme e, portanto, sempre requer um ponto central unitário. Conforme explicitei várias vezes, a consciência é necessária porque, em consequência do aumento da complexidade e, portanto, das diversas carências de um organismo, os atos de sua vontade têm de ser governados por *motivos*, e não mais, como nos graus inferiores, por meros estímulos. Para atingir esse objetivo, o organismo teria de aparecer aqui munido de uma consciência cognoscente, portanto, de um intelecto, como o meio e o local dos motivos. Quando intuído objetivamente, esse intelecto apresenta-se como o cérebro com suas dependências, ou seja, a medula espinhal e os nervos. É nele que, por ocasião das impressões externas, surgem as representações que se transformam em motivos para a vontade. Entretanto, no intelecto *racional*, essas impressões ainda são elaboradas pela reflexão e pela ponderação. Desse modo, um intelecto desse tipo deve, antes de tudo, reunir todas as impressões – incluídas aquelas que foram elaboradas por suas funções, seja em vista de uma simples intuição, seja em vista de conceitos – em *um único* ponto, que se torna como que o foco de todos os seus raios, para que assim possa surgir aquela *unidade* da consciência que é o *Eu teórico*, suporte da consciência como um todo. Nela, o Eu teórico se apresenta idêntico ao Eu *volitivo*, do qual é apenas uma função cognoscitiva. Aquele ponto unitário da consciência ou o Eu teórico é justamente a unidade sintética de percepção, elaborada por Kant, na qual todas as representações se alinham como em um colar de pérolas. Em virtude dessa percepção, o "eu penso", na qualidade de fio do colar, tem de ser capaz de acompanhar todas as nossas representações. – Portanto, esse local em que os motivos se reúnem e entram no foco uniforme da consciência, é o cérebro. Nele, os motivos são intuídos apenas na consciência desprovida de razão e explicitados por conceitos naquela *racional*; portanto, em primeiro lugar, eles ainda são pensados e comparados *in abstracto*. Com base nisso e de acordo com seu caráter individual e imutável, a vontade decide, e assim surge a *decisão*, que, doravante, por intermédio do cerebelo, da medula e dos troncos nervosos, passa a agir sobre os membros externos. Com efeito, embora a vontade também esteja presente neles de modo totalmente imediato, uma vez que eles constituem sua mera aparência, quando se vê obrigada a movimentar-se em função de motivos e até de uma reflexão, ela sente falta desse aparato para conceber as representações e elaborá-las em motivos. Em conformidade com eles é que os atos da vontade surgem como decisões. Da mesma forma, a alimentação do sangue através do quilo precisa de um estômago e de um intestino, nos quais o quilo é preparado. Depois de pronto, ele aflui para o sangue pelo *ductus thoracicus* [canal torácico], que desempenha aqui o mesmo papel que, nos membros, é desempenhado pela medula. Usando da máxima simplicidade e generalidade, a questão pode ser compreendida da seguinte maneira: a vontade está imediatamente presente em todas as fibras musculares do corpo como irritabilidade, como uma aspiração contínua para a atividade em geral. Todavia, se essa aspiração se realizar, ou seja, se manifestar como movimento, este terá, justamente como tal, de ter alguma direção. Entretanto, essa direção deve, necessariamente, ser *determinada* por alguma coisa, ou seja, precisa de um condutor, que é o sistema nervoso. Pois, para a mera irritabilidade, tal como ela reside nas fibras musculares e, em si, constitui a pura vontade, todas as direções são indiferentes. Destarte, ela não se define por nenhuma direção, mas se comporta como um corpo que é igualmente atraído para todas as direções, que permanece em repouso. Somente quando a atividade nervosa se acrescenta como motivo (como estímulo nos movimentos reflexos) é que a força conativa, ou seja, a irritabilidade, adquire determinada direção e passa a produzir os movimentos. De maneira mais genérica, pode-se comparar todo esse processo com o de uma máquina, cujas forças mecânicas estão presentes e atuam em todos os seus componentes; todavia, quando deve funcionar, é colocada em ação a partir de *um único* ponto, a saber, o fio que é puxado para que ela comece a se movimentar. Ou, de maneira mais concisa: a ação do cérebro e dos nervos motores está para a contração de cada músculo assim como o morrão está para o tiro de canhão. Poderíamos comparar as tensões e convulsões ao tiro de canhão que, sem a intervenção do morrão, é acionado por causas ocasionais. Contudo, aqueles atos externos da vontade que não necessitam de nenhum motivo, ou seja, que tampouco se tornam motivos em decorrência da elaboração de meros estímulos em representações no cérebro, mas que resultam diretamente de estímulos na maioria das vezes internos, são os *movimentos reflexos* que partem simplesmente da medula espinhal, como os espasmos e as cãibras *ubi voluntas absque cerebro agit* (onde a vontade age independentemente do cérebro).

144

Somewhere [em algum lugar].

Meu *olho* é aquele que enxerga; porém, para enxergar, ele precisa de *luz*. Exatamente assim é minha vontade, governada por meu *fazer*. Porém, este só pode governá-la por intermédio do conhecimento, que, em substância, é uma função cerebral; por isso, cada decisão da vontade parte do cérebro. Este não é a sede da vontade, e sim da arbitrariedade, ou seja, é o local de ação dos motivos.

145

A obnubilação conseguiu chegar a tal ponto que se supõe seriamente que a chave para o mistério da essência e da existência deste mundo admirável e enigmático esteja nas míseras *afinidades químicas*! – Realmente, o delírio dos alquimistas, que buscaram a pedra filosofal e tiveram a esperança de produzir ouro, era uma ninharia perto do delírio de nossos químicos *fisiológicos*.

146

A sentença de Jean Paul, segundo a qual a *genialidade* consiste *na máxima circunspecção*, ainda permite o seguinte esclarecimento:

O animal vive sem nenhuma *circunspecção*: ele não reflete. Tem consciência, ou seja, reconhece *a si mesmo*, seu bem-estar e seu sofrimento, bem como os objetos que os causam; no entanto, reconhece tudo isso apenas de maneira direta, e não indireta, e apreende sua própria existência de modo meramente *subjetivo*, e não objetivo. Por essa razão, essa consciência lhe parece evidente e, portanto, nunca pode tornar-se uma crítica (objeto da representação) nem um problema (objeto da meditação) para ele. Desse modo, sua consciência é totalmente *imanente*.

Tudo isso também vale para a espécie humana comum, embora em proporção bem menor: sua consciência não tem a mesma natureza, mas é similar e predominantemente imanente, ou seja, a espécie humana reconhece as coisas *no* mundo, mas não o mundo; reconhece sua própria ação e seu próprio sofrimento, mas não *a si mesma*.

Ela tem igualmente uma percepção mais direta do que indireta e mais subjetiva do que objetiva de si própria e das coisas. Entretanto, às vezes, ainda que raramente e, depois, em graus de clareza extremamente diferentes, passa por sua mente a indagação: "O que é tudo isso?" ou "*Como* isso se constituiu de fato?" – A primeira pergunta é a que fazem os filósofos, quando alcançam grande clareza e um presente contínuo; e a outra é feita pelos artistas ou poetas. Por isso, a elevada profissão de ambos tem sua raiz na *circunspecção*, ou seja, na clareza com a qual percebem o mundo e a si próprios, portanto, em como refletem sobre tais questões. Todavia, esse processo é condicionado pelo fato de o intelecto, devido à sua preponderância, por vezes separar-se da vontade, à qual, originariamente, está pronto para servir.

147

O destino de minha filosofia e aquele da teoria das cores, de Goethe, mostram que tipo de *espírito* desprezível e *indigno* predomina na *república alemã dos eruditos*.

148

Embusteiros críticos permanecem anônimos, a fim de praticarem o mal impunemente e minimizarem o que é deletério, ou seja, a fim de poderem *enganar o público*. Deve-se sempre tratá-los como tais e com o tom que lhes é apropriado, em vez de chamá-los de "senhor recenseador"!

149

Ad proximam praefationem: in fine
[Quanto ao próximo prefácio: no final].[1]

Parte do público terá notado que os professores de filosofia e seus primos (a corja literária) atiram lama e pedras em mim, mas, ao fazê-lo, são tão fracos de bom-senso que não conseguem prever que ambas voltam a cair sobre sua própria cabeça. De minha parte, assisto a eles como alguém que, pairando no alto em um aeróstato, observa por um telescópio os esforços dos meninos de rua que deslocam os braços para atirar-lhe pedras; e o

---

1. Alusão ao prefácio à terceira edição de *O mundo como vontade e representação*, que seria publicado em 1859.

público, por sua vez, logo irá perceber que a intenção é tirar-lhe das mãos o que é bom e nelas colocar o que é ruim. Em primeiro lugar, eles se desdobram para demonstrar, de maneira prolixa e minuciosa, que, de fato, minha filosofia não é uma mitologia judaica, e acreditam que assim a aniquilam o bastante. Todavia, não se contentam apenas com isso. Desde que a língua dos "mestres, doutores, escritores e padres" [Goethe, *Fausto*, I, 367], *nolentibus volentibus* [querendo ou não], finalmente se soltou para falar de mim, eles a usam, sobretudo, para mentir, o que é um vício de serviçais, do qual eles deviam envergonhar-se (porém, grande parte desses conselheiros da corte foi de *mordomos: hence it is they have no gentlemanly feeling* [por isso, não possuem a sensibilidade de um cavalheiro]). Contudo, as universidades deveriam preocupar-se um pouco mais com o próprio prestígio e não permitir que em seus programas fossem contadas mentiras tão grosseiras, como a de que, em minha carta a Rosenkranz, eu disse que Kant teria desejado evitar a aparência de paradoxo, fato que é relatado a... e logo depois refutado em tom de inequívoca brincadeira[2].

---

2. Schopenhauer se refere à chamada "epistula exhortatoria", de 24 de agosto de 1837, endereçada a Rosenkranz e a Schubert, ambos editores das obras completas de Kant. Nela, Schopenhauer os exorta a privilegiar a primeira edição da *Crítica da razão pura* em *Sämtliche Werke*, vol. XIV: *Der Briefwechsel Arthur Schopenhauers*, vol. I, pp. 472-7. Refere-se também à carta a Julius Frauenstädt, de 29 de junho de 1855 (*ibid.*, vol. II, pp. 388-92): "Então, ele lançou mão de uma *mentira patente*, declarando na

Eis por que aqui me *permito* publicar novamente a observação que se encontra ao final de meu prefácio a *Vontade na natureza*, pois a ira com que essas pessoas atacam minha filosofia, depois que esta se afirmou apesar da resistência delas, é o *comentário* aos 35 anos em que, com rigor e êxito, a *censuraram*. Por isso, acho normal sua fúria ensandecida contra mim, que tais pessoas manifestam por meio de injúrias de toda sorte, e a tolero bem, uma vez que conheço a causa e que ela me agrada. Como efetivamente não são capazes de produzir algo bom, tampouco querem que ele seja produzido. Nada tenho contra o fato de que mostrem ao mundo o que são e (mediante suas impotentes tentativas de me denegrir em seus escritos) se prostituam a seu bel-prazer. Ao contrário, sua ira me diverte, pois conheço sua causa, que nada mais é do que o fato de que *a filosofia séria sobrepujou as farsas universitárias, que agora afundam na própria lama; hinc ille ululatus* [eis a razão para se lamentarem]. Com sua vociferação e as injúrias que dirigem a mim, elas mostram, de maneira cada vez mais clara, o que são, e eu não saberia o que de pior poderia acontecer-lhes. Dentre suas armas existe apenas uma que realmente me atinge e fere,

....
p. 12 que, entre os motivos de Kant, eu teria mencionado 'seu temor de ser visto como um louco paradoxal' e o teria descrito como 'temeroso diante da aparência do paradoxo' –, enquanto, em minha carta, não se encontra *nem uma única sílaba, nem um único indício* dessa sugestão, e a palavra 'paradoxo' nem sequer aparece. A tal ponto mente ... à sua comissão acadêmica e ao público."

que é a mentira e sua variante, a mistificação grosseira. Por isso, considero e me permito dizer que, em algum lugar, possivelmente ainda existem pessoas ingênuas a ponto de querer me conhecer a partir daquilo que dizem tais professores de filosofia.

Quem com intenções mesquinhas se perdeu em esferas elevadas assemelha-se a um *pickpocket* [batedor de carteira] metido em roupas de gala.

Os professores de filosofia, cuja única arma potente – o silêncio e a censura – finalmente se encontra desgastada, agora se veem reduzidos a criticar, depreciar, desprezar, repreender, injuriar, deturpar e mentir; porém, desse modo, nada obterão nem conseguirão algum dia desviar o público, que busca verdade e clareza, de minhas obras para seu palavrório vazio, insípido, tendencioso e clerical. Ao contrário, por esse palavrório se reconhecerá que, para eles, inteligência, verdade e clareza não têm nenhum valor e que os objetos de seu anseio são o salário, o honorário e o título.

É natural que a sinceridade das reflexões por mim desenvolvidas no prefácio a *Vontade na natureza* tenha suscitado uma ira extremada nos professores de filosofia. Contudo, alguns parecem ter como máxima: *a uma dura verdade cabe uma dura mentira*.

Revelam abertamente aquilo que, se tivessem algum bom-senso, teriam cuidado em ocultar, a saber, o fato de odiarem o que é autêntico, verdadeiro e grandioso.

Esses senhores não apenas são incapazes de produzir algo bom; eles não querem deixar que o bom aflore e conspiram contra ele. Pois bem. Confiai no fato de que o público não descobrirá o que sois e, em segundo lugar, que terei alguma consideração por vós. Avisados estais. Meus caros, vossa hora soou.

Pode haver para um professor de filosofia, ou seja, para um homem que vive de filosofia, algo mais indigno – para usar um termo ameno – do que formular uma acusação de *ateísmo*? É o que já foi levantado contra mim por três professores de filosofia.

Os senhores fariam bem em moderar-se um pouco em sua *celeuma sobre o ateísmo* se ao menos considerassem em que propriamente se fundamenta o teísmo, a saber: 1) na revelação; 2) na revelação; 3) na revelação – e em nada mais no mundo –, para que assim não nos induzissem, vez por outra, a esquecer, no calor da discussão, a cortesia que em toda parte se deve à revelação.

150

A *gesticulação* natural e cotidiana, tal como acompanha qualquer conversa animada, é uma linguagem em si e, na verdade, muito mais universal do que aquela das palavras, uma vez que, sendo independente destas, é a mesma em todas as nações, não obstante cada nação faça uso dela de acordo com sua própria vivacidade e, em algumas nações, por exemplo entre os italianos, ainda tenha recebido o acréscimo de alguns poucos gestos puramente convencionais, que, por essa razão, têm um significado apenas local. Sua universalidade é análoga àquela da lógica e da gramática, na medida em que essa linguagem se baseia no fato de que a gesticulação exprime apenas o aspecto formal, e não material de um discurso. Contudo, ela se distingue daquelas outras linguagens porque se refere não apenas ao aspecto intelectual, mas também ao moral, ou seja, aos movimentos da vontade. Por conseguinte, a gesticulação acompanha o discurso como um baixo fundamental contínuo acompanha a melodia, e, como o baixo, serve para intensificar o efeito do discurso. O mais interessante nisso é a completa identidade dos gestos sempre que o *aspecto formal* do discurso for o mesmo, por mais heterogêneo que possa ser o *aspecto material*, ou seja, sua matéria, o assunto em cada ocasião. Eis por que, quando assisto a uma conversa animada, por exemplo, de uma janela, consigo entender seu sentido genérico, isto é, seu sentido meramente formal e típico, mesmo sem ouvir palavra alguma, pois, sem enganar-me, percebo que aquele que discorre naquele momento está argumentando e apresentando suas razões, depois as limita, insiste nelas e sai vitorioso ao tirar suas conclusões; ou então, por exemplo, relata, de modo palpável, a injustiça que sofreu, descrevendo com vivacidade e deplorando a obstinação, a estultice e a indocilidade do adversário; ou ainda conta como concebeu e executou um bom plano, explicando de que maneira saiu-se vencedor e obteve êxito; ou se queixa de que, por desfavor do destino, sofreu uma derrota; ou, por outro lado, talvez também reconheça não saber o que fazer no presente caso; ou narra como percebeu e descobriu em tempo as maquinações alheias e, afirmando seu direito ou usando de violência, frustrou-as e puniu os autores; – e centenas de outras coisas semelhantes. Entretanto, na verdade, o que extraio da simples gesticulação é o conteúdo essencial, seja ele moral ou intelectual, de todo o discurso *in abstracto*, ou seja, sua quintessência, sua verdadeira substância, que é sempre idêntica, não obstante as causas mais variadas, e, por conseguinte, também com a matéria mais variada, e que se comporta em relação a isso do mesmo modo que o conceito se comporta em relação aos indivíduos a ele subsumidos. Como eu disse, o aspecto mais interessante e divertido nessa questão é a total identidade e a estabilidade dos gestos usados para designar as mesmas situações, mesmo quando empregados pelas pessoas mais diferentes, tal como as palavras de uma língua são idênticas na boca de cada um, mesmo com as modificações que também as palavras sofrem devido a pequenas diferenças de pronúncia ou à educação. No entanto, a razão dessas formas constantes e regularmente observadas na gesticulação certamente não é uma convenção qualquer; elas são naturais e genuínas, uma verdadeira linguagem natural, embora possam ser consolidadas por imitação e por hábito. Como se sabe, um estudo mais preciso dessas formas é tarefa do ator e, em um âmbito mais limitado, do orador público; porém, tal estudo tem de consistir, principalmente, na observação e na imitação, pois essa questão não pode ser reduzida a regras abstratas, com exceção de alguns princípios totalmente genéricos, como o de que o gesto não deve suceder à palavra, e sim precedê-la de imediato, anunciando-a e despertando, assim, a atenção.

(Ver se da *Mímica* de Engel consta algo semelhante.)[3]

151

Os ingleses têm um estranho desprezo pela gesticulação e a consideram algo indigno e vulgar: – esse desprezo me parece ser justamente apenas um dos tolos preconceitos da *pruderie* [afetação de recato] inglesa. Pois se trata da linguagem que a natureza inspira em cada um e que cada um compreende; por conseguinte, querer eliminá-la e proibi-la, somente para satisfazer os já elogiados *gentlemen*, é algo bastante discutível.

152

Em sua introdução ao *Rig Veda*, com texto e notas em sânscrito (Londres, 1854), ou também em seu *On the Veda and the Zend Avesta*, que constitui um artigo na nova edição do *Hippolytus*, de Bunsen, Max Müller diz: "Brahma *means originally* force, will, wish, *and the propulsive power of creation*" [Brama significa, originariamente, força, vontade, desejo e a energia propulsora da criação].

---

3. J. J. Engel, *Ideen zu einer Mimik*, partes 1 e 2. Berlim, Mylius, 1785--1804.

De onde, então, viria o italiano *bramare* [*ansiar*]? (Essa citação é extraída do *Times*.)⁴

153

Na *velhice*, não existe maior consolo do que ter incorporado toda a energia da própria juventude em *obras* que não envelheceram *com o tempo*.

154

A morte apazigua totalmente a *inveja*; a velhice já o faz pela metade.

155

Morbus ipse est medela naturae, qua opitulatur perturbationibus organismi: ergo remedium medici medetur medelae. Ego. [A *doença*, por si só, é uma *tentativa de cura* por parte da natureza, que, desse modo, busca auxiliar o organismo a combater seus distúrbios: o recurso do médico cura, portanto, a tentativa de cura. Eu digo isso.]

156

Tanto no aspecto intelectual quanto naquele moral, é mau sinal quando um *jovem* sabe *orientar-se* muito cedo

---

4. Cf. a carta a David Asher, de 12 de novembro de 1856, e aquela a Christian Karl Josias Bunsen, de 28 de março de 1857, em *Sämtliche Werke*, organizado por P. Deussen, vol. XV: *Der Briefwechsel Arthur Schopenhauers*, vol. II, pp. 520-2, 562-3.

nas ações e atividades dos homens, logo se sente à vontade em meio a elas e nelas entra já preparado: isso indica vulgaridade. Por outro lado, nesse tipo de situação, um comportamento admirado, estupefato, inábil e errado indica uma natureza de espécie mais nobre.

157

Se no *sonho* muitas vezes nos esforçamos em vão para gritar ou mover os membros deve ser porque, como campo da pura imaginação, ele não passa de uma atividade do cérebro que não se estende ao cerebelo. Por conseguinte, este permanece totalmente inativo na rigidez do sono e não é capaz de desempenhar sua tarefa de atuar na medula como regulador do movimento dos membros. Por essa razão, as ordens mais urgentes do cérebro não são executadas, o que gera inquietação. Contudo, se o cérebro rompe o isolamento e se apodera do cerebelo, surge então o *sonambulismo*.

158

Nossa *memória* assemelha-se a uma peneira, cujos furos, inicialmente pequenos, deixam passar pouca coisa, mas vão se tornando cada vez maiores e, por fim, tornam-se tão grandes que quase tudo o que nela é jogado consegue passar.

159

Estamos sentados juntos, conversando e avivando uns aos outros; os olhos brilham e as vozes tornam-se mais sonoras: milhares de anos atrás, *outros* se sentaram exatamente do mesmo modo; era a mesma situação e eram *os mesmos homens*. E exatamente assim será daqui a milhares de anos. O mecanismo que não nos deixa perceber isso é *o tempo*.

160

Eles gostariam de ter um *deus*, para dele obter, mendigando ou bajulando, aquilo que apenas a força de vontade é capaz de proporcionar.

161

Quão pesada deve ser a consciência da *religião* é algo que pode ser avaliado a partir da proibição de *escarnecer* dela, sob a ameaça de severas punições.

162

O Antigo Testamento fizera do mundo e dos homens obra de um *deus*. Porém, para ensinar que a *salvação* e a redenção da miséria deste mundo só podem provir do próprio mundo, o *Novo Testamento* vê-se obrigado a fazer com que aquele *deus* se torne *homem*.

163

Onde os *budistas*, de maneira honesta e, portanto, puramente negativa, colocam o *nirvana*, ou seja, a redenção deste mundo, os brâmanes colocam uma *mocsa* positiva e, portanto, puramente mítica, ou seja, a reunificação com *Brama*.

Os *jainistas*, que apresentam grande semelhança com os budistas, chamam os brâmanes que acreditam nos Vedas de sabdapramans. Essa alcunha se deveria ao fato de que eles acreditam no que ouvem dizer, naquilo que não pode ser sabido nem comprovado.

164

Nada como *o sonho* é capaz de ilustrar de maneira tão imediata a *unidade* que, em última instância, subsiste entre a essência fundamental de nosso próprio Eu e aquela do mundo externo: de fato, também no sonho os outros aparecem como totalmente diferentes de nós, na mais perfeita objetividade e com uma natureza radicalmente estranha a nós, muitas vezes enigmática e que não raro nos espanta, surpreende, aterroriza etc. – e, no entanto, nós mesmos somos tudo isso. De modo análogo, a vontade que sustenta e anima todo o mundo externo é exatamente a mesma em nós próprios, ou seja, no único lugar em que dela temos um conhecimento imediato. Não há dúvida de que a tornar possíveis todos esses prodígios seja o *intelecto*, em nós e nos outros, na medida em que, por toda parte, ele sempre separa a mesma essência em sujeito e objeto, um espetáculo fantasmagórico, digno de inefável admiração, um ilusionista sem igual.

Também se pode dizer que o *tempo*, o *espaço* e a *causalidade* formam aquele dispositivo de nosso *intelecto*, em virtude do qual a *única* essência de toda espécie, a única realmente existente, se nos apresenta como uma pluralidade de seres semelhantes, que sempre nascem e perecem em infinita sucessão. A compreensão das coisas por meio desse dispositivo e de acordo com ele é imanente; em contrapartida, a compreensão que percebe como a questão se apresenta é transcendental: *in abstracto*, ela é recebida por meio da crítica da razão pura. Todavia, isso não exclui que, excepcionalmente, ela também possa ocorrer de forma intuitiva.

165

Reis e criados são chamados apenas pelo primeiro nome: – portanto, os dois extremos da sociedade.

166

Todo pensamento primordial ocorre em imagens: eis por que a *imaginação* é um instrumento tão necessário para ele, e pessoas sem imaginação nunca produzirão algo grandioso – a menos na matemática.

167

Do manual de *Spence Hardy*, bem como de Sangermano e do *Asiatic researches*[5], de Buchanan, depreende-se

---

5. R. S. Hardy, *A Manual of Budhism, in its modern development*, traduzido a partir de manuscritos cingaleses. Londres, Partridge and Oakey,

que, no que se refere à *perduração após a morte*, no *budismo* existem uma doutrina exotérica e outra esotérica: a primeira é justamente a *metempsicose* [transmigração da alma], como no bramanismo; a segunda, porém, é uma *palingenesia* [renascimento], muito mais difícil de compreender, que coincide em grande medida com minha doutrina da subsistência metafísica da vontade no que se refere à natureza meramente física do intelecto e, portanto, à sua efemeridade.

A *palingenesia* [renascimento] já aparece no Novo Testamento.

Contudo, a morte deve ser vista como uma punição de nossa existência.

168

Minha filosofia está para as *religiões* como uma linha reta está para várias curvas que correm paralelamente a ela: com efeito, *sensu proprio* [em sentido próprio], ela exprime e alcança por via direta até mesmo o que aquelas só mostram com eufemismos e alcançam com rodeios;

1853. P. V. Sangermano, *A Description of the Burmese Empire*, compilado, sobretudo, de documentos nativos pelo reverendo Sangermano e traduzido de seu manuscrito por William Tandy. Londres, Murray and Parbury, Allen and Co., 1833. *Vindication of the Hindoos from the Aspersions of the Reverend Claudius Buchanan*, com uma refutação de seus argumentos em favor de um poder eclesiástico na Índia britânica: o conjunto tende a evidenciar a excelência do sistema moral dos hindus, por parte de um oficial bengalês. Londres, Rodwell, 1808.

– no caso do cristianismo, elas se mostram bastante longas e até estranhamente tortuosas.

169

Por uma raríssima coincidência de várias circunstâncias altamente favoráveis nascerá, de tanto em tanto, possivelmente uma vez em um século, um indivíduo com um *intelecto* – essa qualidade secundária e, portanto, acidental no que se refere à vontade – que ultrapasse visivelmente *a medida normal*. Ora, pode demorar muito até tal indivíduo ser conhecido e reconhecido, uma vez que ao conhecimento se opõe a obtusidade, e ao reconhecimento se opõe a inveja. Todavia, quando esse indivíduo for conhecido e reconhecido, as pessoas se aglomerarão ao redor dele e de suas obras, na esperança de que dele emane alguma luz que penetre a escuridão de sua existência, ou melhor, na esperança de que dele venha uma explicação para sua existência – de certo modo, uma *revelação* que parta de um *ser* (ainda que pouco) *superior*.

Cf. Clemens Alexandrinus [*Opera quae extant*, 2 vol., Würzburg, 1778-1779], vol. 2, p. 84.

170

Pode acontecer de, mesmo após um longo período, lamentarmos *a morte* de nossos inimigos e adversários quase tanto quanto aquela de nossos amigos – este é o momento em que sentimos falta deles porque não estão presentes para testemunhar nossos grandiosos êxitos.

171

Tudo o que vive tem de *expiar a própria existência*, primeiro na vida e depois na morte.

172

É de admirar o modo como a *individualidade de cada homem* (ou seja, desse determinado caráter com esse determinado intelecto) determina exatamente, tal como uma tinta penetrante, todas as suas ações e os seus pensamentos, até os mais insignificantes; por conseguinte, toda a vida, ou seja, a história externa e interna de um indivíduo se mostra radicalmente diferente daquela de outro.

173

Este mundo é não apenas *um inferno*; ele também supera o de Dante, na medida em que nele um tem de ser *o diabo do outro*.

174

Os materialistas de nosso tempo insistem intensamente no fato de que não existe por si só força sem *substância*, isto é, sem *matéria* formada. Segundo minha filosofia, conclui-se necessariamente que a substância é a mera *aparência* da força, que, por sua vez, é vontade em si: na *aparência*, que tem sede em nosso cérebro, a força se apresenta como matéria dotada de uma estrutura determinada, ou seja, como substância. Sem essa estrutura, a força não pode aparecer *empiricamente*, mas apenas ser *pensada*, na medida em que, em segundo lugar, ela é a forma intelectiva, projetada externamente, da causalidade em si, de maneira que é a causalidade, ou seja, a eficiência *em geral* que constitui a essência da matéria *in abstracto*. Portanto, como essa simples matéria sem forma não é objeto da experiência, tampouco pode haver substância sem força, pois essa substância seria justamente a matéria *in abstracto*.

(Já de acordo com Kant, a matéria é apenas a aparência de duas *forças*: a da expansão e a da atração; portanto, toda aparência e toda experiência oferecem apenas *forças*, de maneira que a força e a substância não são coisas diferentes: em si, toda força é vontade.)

175

As *dores horríveis* a que estão expostos cada parte e cada nervo de nosso corpo poderiam não existir se nós ou este corpo não fôssemos alguma coisa que *não* devesse existir. (Contudo, elas têm a utilidade de chamar nossa atenção para o ferimento e a necessidade de cuidar de tal parte.)

Esse é um princípio que poucos entenderão.

176

Que prazer peculiar nos oferece a visão de qualquer *animal* livre, quando estão sozinhos, entretidos com alguma coisa, sem nenhum impedimento, buscando sua comida ou cuidando de seus filhotes, ou ainda quando estão juntos com seus semelhantes etc. Enquanto desempenha essas atividades, o animal é tudo o que deve e pode ser. E mesmo que seja apenas um passarinho, posso observá-lo durante muito tempo com prazer; – aliás, mesmo que se trate de um rato-d'água, de uma rã: todavia, prefiro observar um porco-espinho, uma doninha, uma corça ou um cervo! – A visão dos *animais* nos deleita tanto principalmente porque nos alegra ver nossa própria essência diante de nós de forma tão *simplificada*.

177

Tentar explicar a natureza orgânica e, portanto, a vida, o conhecimento e, por fim, o *querer* a partir da *natureza inorgânica* significa querer deduzir a coisa em si da *aparência*, esse mero fenômeno cerebral: é como querer explicar o corpo a partir da sombra.

178

Os *milagres* na Bíblia (no Novo Testamento, Evangelho; *Bíblia* é um termo mais inócuo) devem provar sua verdade; contudo, agem em sentido contrário (provam o contrário).

179

Tomando as coisas de maneira totalmente realista e objetiva, é claro como o sol que o mundo *conserva a si mesmo*: os seres orgânicos subsistem e se propagam em virtude de sua própria força vital interior; os corpos inorgânicos carregam em si as forças das quais a física e a química são mera descrição, e os planetas percorrem sua órbita por impulso próprio, em virtude de sua inércia e de sua gravitação. Portanto, para existir, o mundo não precisa de ninguém além de si mesmo. Pois esse alguém que o mantém é *Vishnu*.

Entretanto, dizer agora que em certo momento ao longo do tempo, este mundo, com todas as suas forças íntimas, não existia, mas foi criado a partir do nada por uma força estranha e externa a ele é um pensamento totalmente ocioso, não comprovado por nada; tanto mais quanto todas as forças do mundo estão ligadas à matéria, cujo surgimento ou perecimento não somos sequer capazes de conceber.

Essa concepção do mundo chega ao *espinosismo*. É muito natural que, em sua angústia, os homens tenham inventado, em toda parte, seres capazes de dominar as forças naturais e seu curso e que, portanto, podem ser invocados. Contudo, os gregos e os romanos deram-se por satisfeitos com um domínio por parte desses seres em um âmbito determinado; e não lhes ocorreu dizer que um deles teria feito o mundo e as forças da natureza.

180

O *cristianismo* tem a singular desvantagem de não ser, como as outras religiões, uma *doutrina* pura; ao contrário, ele é essencial e principalmente uma *história*, uma série de acontecimentos, um conjunto de fatos, de ações e sofrimentos de seres individuais; e justamente essa história constitui o dogma, e a fé nesse dogma confere a beatitude. Outras religiões, especialmente o budismo, até possuem um aditamento histórico que trata da vida de seu fundador, mas esta não é parte do dogma em si, e sim corre paralelamente a ele. Certamente, pode-se, por exemplo, comparar a *Lalitavistara*⁶ ao Evangelho, na medida em que contém a vida de Shakia Muni, o Buda do atual período do mundo. No entanto, essa obra permanece totalmente separada e diferente do dogma, ou seja, do próprio budismo; e isso porque a vida dos budas anteriores também era totalmente diferente, tal como será a dos budas futuros. Nesse caso, o dogma não está absolutamente unido à vida de seu fundador nem se baseia em pessoas e fatos individuais; ao contrário, é genérico e igualmente válido em todas as épocas. Por essa razão, a *Lalitavistara* não é um evangelho no sentido cristão da palavra nem a boa notícia de um fato redentor, e sim a história de vida daquele que indicou como cada um pode salvar-se a si mesmo. – O caráter histórico do cristianismo é a razão pela qual os chineses escarnecem dos missionários, como se estes fossem contadores de contos de fadas.

181

"A matéria *só* pode ser movida por *forças mecânicas*": eis o pressuposto tácito dos físicos franceses e de seus

---

6. Textos não canônicos que transmitem a lenda de Buda.

êmulos alemães, que procuram explicar tudo – o magneto, a luz etc. – em termos mecânicos. – Obviamente, quem não admite nenhuma *vontade* nas coisas tem de explicar a gravidade por meio de um choque vindo de fora, como fizeram Descartes e Lesage. Pois, de fato, a alternativa não deixa dúvida: ou bem se atribui a origem de todo movimento totalmente a causas externas – e, nesse caso, todo movimento resulta de um choque –, ou se supõe que o *próprio objeto movido* contém um *impulso interno*, em consequência do qual ele se move e que chamamos de *gravidade*. Todavia, não podemos explicar, nem sequer apenas pensar, tal *impulso interno*, a não ser como aquilo que, em nós, é a *vontade*; só que, à diferença da gravidade, a direção da vontade não é tão unívoca e (na Terra) sempre orientada verticalmente para baixo, mas se altera de modo variado, de acordo com as imagens que seu intelecto – até o qual ela aumentou aqui sua receptividade – lhe apresenta, embora, tanto em um caso como no outro, isso sempre ocorra com a mesma necessidade.

O fato de a essência das forças na natureza inorgânica ser idêntica à vontade em nós apresenta-se com plena certeza e como verdade comprovada a quem refletir seriamente. Que essa verdade pareça paradoxal apenas ressalta a importância da descoberta.

182

Somos como cordeiros que brincam no prado enquanto o açougueiro escolhe um e outro com os olhos: com efeito, não sabemos, em nossos dias bons, que infortúnio o destino está preparando para nós justamente agora – doença, perseguição, empobrecimento, mutilação, cegueira, loucura, morte etc.

183

Conversa do *anno 33*.
A. Já soube da última?
B. Não, o que aconteceu?
A. O mundo está salvo!
B. Não me diga!
A. Sim, o bom Deus assumiu a forma humana e fez-se executar em Jerusalém. Assim, agora o mundo está salvo, e o diabo, enganado.
B. Nossa, que encantador!

1856

184

Assim como o homem, em relação a todos os outros animais, tem o privilégio do *riso*, o cão, em relação a todos os outros animais, também tem, como algo que lhe é exclusivo e muito característico, a capacidade expressiva, amistosa e absolutamente sincera de *abanar a cauda*. Essa saudação, que lhe é dada pela natureza, contrasta de maneira muito vantajosa com as reverências e a cortesia escarnecedora do homem. Não sei dizer se essa característica é própria de todo o *genus canis* [o gênero canino] ou apenas do *familiaris* [cão doméstico].

185

A nossa existência e a de todos os animais não é firmemente estabelecida nem – ao menos no que se refere ao tempo – persistente; ao contrário, é uma *mera existentia fluxa* [existência fluente], que subsiste apenas por meio da troca contínua, comparável a um redemoinho. De fato, é verdade que, durante certo tempo, a *forma* do corpo tem alguma consistência, mas isso apenas sob a condição de que a matéria mude incessantemente, que a antiga seja eliminada e que a nova aflua. Em correspondência a esse fato, a principal ocupação de todos aqueles seres é arranjar continuamente a matéria apropriada para esse afluxo. Ao mesmo tempo, eles têm consciência de que sua existência, feita desse modo, só poderá ser mantida por certo tempo da maneira mencionada; eis por que, ante a morte, procuram transferi-la para outro que assuma seu posto: na autoconsciência, essa aspiração aparece sob a forma do instinto sexual e, na consciência das outras coisas, ou seja, na intuição objetiva, é representada sob a forma dos órgãos genitais. Pode-se comparar esse instinto ao fio de um colar de pérolas, no qual aqueles indivíduos que se sucedem rapidamente corresponderiam às pérolas. Se acelerarmos essa sucessão na imaginação e observarmos em toda a fileira, tal como no indivíduo, apenas a forma que permanece, a substância sempre cambiante, perceberemos que possuímos apenas uma quase-existência.

Essa concepção também constitui o fundamento da teoria platônica, segundo a qual existem apenas as *ideias*, e as coisas que a elas correspondem são de natureza semelhante à sombra.

186

Busquei a *verdade*, e não uma cátedra universitária: em última instância, nisso se baseia a diferença entre mim e os chamados filósofos pós-kantianos. Com o tempo, isso será reconhecido cada vez mais.

187

Assim como no sonho estamos inseridos em todas as pessoas que aparecem para nós, nelas estamos inseridos *no estado de vigília*, embora, nesse caso, não seja tão fácil percebê-lo. Porém, *tat-twam asi* ["és isto"].

188

A *responsabilidade* pela existência e pela natureza deste mundo só o próprio mundo pode carregar, ninguém mais; de fato: como alguém poderia assumi-la?

189

No fundo, a verdadeira *dignidade dos homens de gênio* e grande inteligência, aquilo que os eleva acima dos outros e os torna merecedores de veneração, é o fato de que neles predomina e prevalece a única parte genuína e inocente do ser humano, ou seja, o *intelecto*; enquanto nos remanescentes nada há além da vontade pecaminosa, dotada apenas daquele tanto de intelecto necessário para guiar seus passos – raramente algo além disso e, com muita frequência, um pouco menos. O que se tem com isso?

190

(*Ad infra*, como atenuação, para que aqui se pense apenas em *Santo Agostinho*, e não no cristianismo.)

Com sua mente inflexível e sistemática, *Santo Agostinho* encerrou o cristianismo em rígidos dogmas e determinou de modo fixo as doutrinas apenas esboçadas na Bíblia e que ainda permaneceram oscilantes sobre um fundo escuro. A essas doutrinas deu contornos tão rígidos, e ao cristianismo, uma interpretação tão áspera que hoje nos escandaliza. Justamente por isso, como em sua época o pelagianismo, em nossa o nacionalismo se opôs a essa situação. Por exemplo, em *De civitate Dei*, livro 12, cap. 21, a questão tomada *in abstracto* se apresenta, na verdade, do seguinte modo: um deus cria *um ser a partir do Nada*, confere-lhe proibições e mandamentos e, como estes não são observados, martiriza-o por uma eternidade sem fim com todas as torturas imagináveis; com essa finalidade, ele une corpo e alma de modo inseparável (*De civitate Dei*, livro XIII, cap. 2; cap. 11, *in fine* e 24 *in fine*), para que em tempo algum o tormento possa aniquilar esse ser mediante a decomposição e ele possa, então, livrar-se dele; ao contrário, o ser viverá eternamente para as penas eternas – esse pobre desgraçado, criado a partir do Nada, que deveria ao menos ter o direito a retornar ao seu *Nada* originário; – essa última *retraite*, que de maneira alguma pode ser um grande mal, deveria ser-lhe assegurada por direito como sua propriedade hereditária. – Sei muito bem que, quando se é um deus, pode-se permitir tudo; entretanto, esse deus me parece ir longe demais. – Eu, ao menos, não posso deixar de simpatizar com ele*. – Se então acrescentarmos as outras doutrinas de Santo Agostinho, ou seja, de que, na realidade, todas essas coisas não dependem de sua ação ou inação, mas já foram decididas anteriormente, mediante a predestinação, então já não se sabe o que se deve dizer.

É bem verdade que nossos racionalistas, com toda a sua cultura, dizem: "Nada disso é verdade e não passa de um mero espantalho; ao contrário, nós, em contínuo progresso, nos elevaremos de um degrau a outro até uma perfeição cada vez maior." – Pena que não começamos antes, pois agora já estaríamos lá.

191

Em virtude da forma de percepção *do tempo*, o homem (isto é, a afirmação da vontade de viver em seu grau de objetivação mais elevado) se apresenta como um gênero de pessoas que sempre renascem e depois morrem.

192

Que muitas pessoas, tão logo iniciem sua conversa com seu acompanhante, *tenham logo de parar de caminhar*, a fim de obterem alguma coerência, provém do fato de que seu cérebro, quando precisa conectar alguns pensamentos uns nos outros, já não contém a força ne-

---

* Aqui, Schopenhauer está se referindo ao ser "criado a partir do Nada". (N. da T.)

cessária para mover as pernas mediante os nervos motores: tal é a escassez com que tudo neles é talhado.

193

Entre a ação da natureza criadora e a ação do homem existe uma analogia peculiar, mas não casual, e sim baseada na identidade da vontade em ambos. Depois que, em toda a natureza animal, surgiram os animais que se alimentam do mundo vegetal, em toda classe de animais apareceram, necessariamente por último, os predadores, para viver dos primeiros fazendo deles sua presa.

Do mesmo modo, depois que os seres humanos, honestamente e com o suor de seu rosto, passaram a tirar do solo o necessário para o sustento de um povo, há entre eles sempre um número de pessoas que, em vez de arrotear a terra para viver do seu fruto, prefere arriscar a própria pele e colocar sua vida, sua saúde e sua liberdade em jogo, a fim de agredir aqueles que possuem uma propriedade adquirida honestamente e apropriar-se do fruto de seu trabalho. Esses animais de rapina do gênero humano são os povos conquistadores, que vemos surgir por toda parte, desde os tempos mais remotos até os mais recentes, com sorte variável, na medida em que o êxito e o fracasso que obtêm a cada vez quase sempre fornecem a matéria para a história universal; – eis por que Voltaire tem razão ao dizer: *dans toutes les guerres il ne s'agit que de voler* [em todas as guerras, trata-se apenas de roubar]¹. A vergonha que eles sentem do que fazem resulta do fato de que todo governo assevera em voz alta que só quer pegar em armas para defender-se.

194

Em sua base mais profunda e prescindindo das mitologias de ambas as religiões, o *samsara e o nirvana* de Buda são idênticos aos dois *civitates* de Santo Agostinho, nos quais se subdivide o mundo, a *civitas terrena* [Estado universal] e aquela *coelestis* [Estado de Deus], tal como ele as descreve nos livros do *De civitate Dei*, especialmente no livro 14, cap. 4 *et ultimum*, no livro 15, cap. 1 e 21, no livro 18 *in fine*, e no livro 21, cap. 1.

195

A verdadeira e positiva *solução do enigma* de nossa existência tem de ser algo que o intelecto humano seja totalmente incapaz de compreender e pensar; de maneira que, se um ser de espécie superior viesse e desse tudo de si para nos ensiná-la, nada entenderíamos de suas revelações, pois a solução seria transcendente, enquanto o intelecto é imanente.

196

A perda do *intelecto* que a *vontade* sofre com a *morte* – vontade que aqui é o cerne da aparência que desapa-

---

1. Ver nº 63, nota 1.

rece e, como coisa em si, é indestrutível – é o *Lete* justamente dessa vontade individual, sem a qual, aliás, ele se lembraria das muitas aparências das quais já foi cerne.

197

Prólogo à terceira edição (preferível no final)

Para tristeza de todos os padres e de todos os professores de filosofia, minha obra vive sua terceira edição. Com efeito, a resistência passiva está superada, o efeito de trinta anos de silêncio e censura esgotou-se, os poderes das trevas fizeram seu trabalho, que foi em vão. A consequência das impotentes tentativas de me desqualificar, escritas por professores de filosofia pobres de espírito, serve para difundir a glória de minha obra e me lembra o ataque em massa dos liliputianos a Gulliver[2].

198

Extenuado, chego agora à meta,
A lassa cabeça mal rege o louro:
Porém, feliz, minha obra contemplo,
Sempre incólume aos ditos alheios.

---

2. Cf. J. Swift, *Travels into Several Remote Nations of the World. By Lemuel Gulliver, First a Surgeon, and then a Capitain of Several Ships*, 2 vol. Londres, B. Motte, 1726. O exemplar de bolso de Schopenhauer, da edição em dois volumes, publicada em 1804, em Paris, foi perdido.

199

Aos senhores da *revelação*, eu gostaria de aconselhar que não falem tanto de revelação nos dias atuais; do contrário, é bem possível que, em algum momento, lhes seja revelado o que, de fato, é a revelação.

200

Um conceito é *correto*; um julgamento, *verdadeiro*; um corpo, *real*; uma relação, *evidente*.

201

Assim como um medicamento não cumpre seu objetivo quando a dose é muito forte, o mesmo ocorre com *reprimendas e críticas*, quando elas ultrapassam a medida da justiça.

202

Os *resultados morais do cristianismo*, até a mais elevada ascese, encontram-se racionalmente fundamentados em minha obra e relacionados às coisas; enquanto no cristianismo eles são fundamentados apenas por fábulas. A fé nessas fábulas diminui a cada dia; por isso, será necessário voltar-se à minha filosofia.

203

Tão inevitável quanto o ronronar do gato, quando é acariciado, é o doce prazer que se pinta no rosto do *ho-*

mem que é elogiado, especialmente no campo de sua pretensão, ainda que o elogio seja notoriamente mentiroso.

204

Com a perfeição do sistema nervoso, a sensibilidade e a capacidade de *sentir a dor* diminuem cada vez mais; já são muito poucas nos insetos, sem dúvida menores ainda nos radiários, até faltarem por completo nas *plantas*.

205

O estado em que *a morte* nos coloca apresenta-se apenas como um absoluto Nada: mas isso significa simplesmente que ela é algo que nosso intelecto – esse instrumento que surgiu somente para servir a vontade – é totalmente incapaz de pensar.

206

No fundo, o *Monólogo de Hamlet*, tão conhecido no mundo, diz o seguinte: nossa condição é tão miserável que, decididamente, não existir absolutamente seria preferível a ela. Se, de fato, o suicídio nos oferecesse essa opção, de maneira que a alternativa *to be or not to be* se apresentasse no total sentido da palavra, então seria imprescindível elegê-la como uma salvação desejável *a consummation devoutly to be wish'd* [um fim a ser desejado com fervor; Shakespeare, *Hamlet* III, 3]. Só que em nós há algo que nos diz que as coisas não são assim; portanto, não se excluiria a hipótese de que a morte não é um aniquilamento absoluto.

207

Para exercitar a paciência na vida e tolerar resignadamente o mal e os homens, nada pode ser mais apropriado do que uma recordação *budista* do seguinte tipo: "*Este é o samsara*: o mundo da concupiscência e do desejo, e, portanto, o mundo do nascimento, da doença, da velhice e da morte; é o mundo que não deveria ser. E esta é a população do *samsara*. O que podeis esperar de melhor?" Eu gostaria de prescrever que todas as pessoas repetissem essas palavras a si mesmas quatro vezes ao dia, conscientes do que estão dizendo.

208

A língua alemã tem, tal como a latina, a vantagem de ter duas palavras correspondentes para *genus* e *species*, para *mulier* [Frau] e *uxor* [Ehefrau*], e não pode renunciar a essa vantagem por um capricho feminino: justamente por isso, quando usado por moças, o termo "mulheres" sempre soa como uma dissonância, embora milhares de literatos insípidos e de salões de chá se esforcem, da maneira mais submissa, para esmerilá-lo com vistas a esse uso.

Assim, os judeus querem ser chamados de *israelitas*, e os alfaiates, de *fabricantes de roupas*, e recentemente foi sugerido que, por ter o termo *literato* caído em descrédito, esses senhores deveriam, em vez disso, ser chamados de *autores de textos*. Todavia, se uma designação, em si inofensiva, torna-se desacreditada, o problema não está na designação, e sim nos designados, e, assim, a nova logo terá o mesmo destino da antiga. Com classes inteiras ocorre o mesmo que com indivíduos: quando alguém muda seu nome é porque já não pode portar o anterior com honra; porém, permanecerá o mesmo e já não honrará o novo nome como o antigo.

209

Que situação invejável a nossa! Viver por um período com muito esforço, necessidade, medo e dor, sem saber minimamente *de onde, para onde e para quê*, e ainda ter de ouvir os padres de todas as cores, com suas respectivas *revelações* sobre a questão, além de ameaças contra os infiéis. Acrescente-se a isso o seguinte: vemos uns aos outros e nos relacionamos uns com os outros – *como máscaras com máscaras*; não sabemos quem somos; mas como máscaras, que não conhecem sequer a si mesmas. E é exatamente assim que os animais nos veem; e nós a eles.

210

Prólogo à terceira edição
Como o leitor sensato facilmente poderá entender, para que minha filosofia pudesse surgir, ser refletida, concluída e apresentada, foram necessárias, além das internas, várias condições externas: *nam Caesar nullus nobis haec*

otia fecit [pois nenhum César nos concedeu esse ócio][3]. Entrementes, todas as condições se reuniram, e agora também a última, a saber, de que me caberia uma vida longa, ou seja, de que, pelo menos, eu receberia o curto período que em geral é concedido à existência humana pelo menos sem grande redução; para que eu também pudesse dar o toque final à minha obra e, aos poucos, conferisse ao sistema sua perfeição e completude e, por fim, também o enriquecesse com aqueles conhecimentos e pensamentos que costumam ser apenas o fruto de anos mais tardios ou que, em geral, precisam de tempo para se assentarem gradativamente. Feito isso, na atual edição entrego minha obra com a perfeição que de mim ela pôde receber; sobretudo se essa perfeição tiver de ser a última elaboração, o que, aos meus 70 anos, é possível imaginar.

Pois é de todo improvável que, em minha idade avançada, eu ainda viva para uma edição posterior e ainda tenha condições de enriquecê-la visivelmente.

211

Initium:

A publicação desta terceira edição é um sinal de que a resistência dos professores de filosofia já está superada; tanto a primeira, muito persistente e passiva, quanto a se-

---

3. Giordano Bruno, *De immenso et numerabilibus*, VIII, 10, referindo-se às palavras do pastor Títiro em Virgílio, *Eclogae*, I, 6 ("Deus nobis haec otia fecit").

gunda, ativa e muito ridícula em sua falta de jeito. Minha doutrina se impôs e, agora, armada da força da verdade, irá prosseguir sem ser detida, atravessando países e séculos. A filosofia de brincadeira das universidades pode ou não correr paralelamente, com sua inevitável teologia (mitologia judaica), conforme for de seu agrado. Nesta terceira edição, dou provavelmente o último retoque à obra, conferindo-lhe a perfeição que lhe era destinada.

212

Exordium:

A autenticidade e a verdade ganhariam mais facilmente espaço no mundo se aqueles que são incapazes de produzi-las não conspirassem, ao mesmo tempo, contra seu surgimento. A situação se torna difícil, pois aqueles que deveriam prestar assistência são adversários e inimigos. Em consequência desse seu esforço, a terceira edição deste livro é publicada quarenta anos após a primeira, e, para poder vê-la e melhorá-la, tive de completar 71 anos, o que não é para qualquer um. Mas agora, finalmente, a resistência desses incapazes, desses inimigos inatos da verdade, da grandiosidade e do belo terminou. Eles sibilam, resmungam e se lamentam, mas apenas do sombrio esconderijo de suas tocas. Mas agora isso está superado. O ocaso de minha vida será a aurora de minha glória, e digo nas palavras de Shakespeare:

Good morrow, masters, put your torches out,
The wolves have prey'd, and look, the gentle day,
Before the wheels of Phoebus, round about
Dapples the drowsy east with spots of grey.
Much ado about nothing V, 3, [vv. 24-27], p. 272, vol. 2.

Bom dia, senhores, apagai vossos archotes,
Os lobos já tomaram suas presas, e vede o ameno dia
Que surge à frente das rodas de Febo,
Salpicando de cinza o Oriente sonolento.

213

Antes de queimarem vivo *Vanini*, perspicaz e profundo pensador, arrancaram sua língua, porque com ela ele teria blasfemado contra *Deus*. Confesso que, quando leio algo semelhante, sinto vontade de imprecar contra esse *Deus*.

(*Hoc ipsum blasphemia est: – ne igitur dicas.* [Essa também é uma blasfêmia: não fala assim!])

214

Segundo relatos franceses provenientes do *Japão* – no *Journal de la flotte*, 1856 –, há no país duas religiões principais: 1º) o xintoísmo, cujo supremo sacerdote é o *dairo*, e que é professado pelo imperador; e 2º) o *budismo*. Todavia, ambos seriam tão semelhantes nos dogmas e nas cerimônias que se espera algum dia vê-los completamente fundidos em uma única religião.

215

Uma prova grandiosa da deplorável *subjetividade* dos homens – em consequência da qual eles referem tudo *a si mesmos* e de todo pensamento retornam imediatamente em linha reta a si próprios – nos é dada pela *astrologia*, que remete o curso dos grandes corpos celestes ao pobre Eu, assim como também relaciona os cometas no céu às ações e velhacarias terrenas. Todavia, isso ocorre em todas as épocas e já ocorreu nas mais remotas. Ver, por exemplo, Estobeu, *Eclogae*, vol. I, p. 478.

216

Os oráculos foram atribuídos pelos gregos aos deuses; mais tarde, pelos cristãos aos diabos e demônios; pelos céticos de todos os tempos aos impostores. Nossa época, porém, progrediu tanto que começamos a suspeitar de que não seriam os deuses, nem os diabos, nem os impostores a estarem em jogo, e sim o magnetismo animal; de maneira que, neste caso, como notoriamente também nos outros, quando investigamos a fonte dos fenômenos, somos enviados do mundo exterior para nosso próprio interior.

217

A antítese entre *idealismo e realismo* diz respeito ao *conhecido*, ao objeto, enquanto aquela entre *espiritualismo e materialismo* diz respeito ao *cognoscente*, o sujeito. – (Os escrevinhadores atuais e ignorantes confundem idealismo e espiritualismo.)

1857

218

O *poeta* é, pois, o homem *comum*: tudo o que comove o coração de um homem e o que a natureza humana revela em alguma situação, o que reside em algum lugar do peito humano e o aquece é tema e matéria para o poeta, como também o é toda a natureza restante. Eis por que o poeta consegue cantar tanto a volúpia quanto a mística, ser Anacreonte ou Ângelo Silésio, escrever tragédias ou comédias, apresentar sentimentos elevados ou vulgares a seu bel-prazer. Contudo, todo poeta conduzirá sua individualidade àquilo que lhe agrada e que, portanto, ele entende da melhor maneira. Por essa razão, ninguém pode prescrever ao poeta que ele deve ser nobre e elevado, moral, devoto, cristão, isto ou aquilo, menos ainda que seja isto e não aquilo. Ele é o espelho da humanidade e traz-lhe à consciência o que ela sente e faz.

219

Os senhores podem não se conformar com o fato de que *a vontade* em si é *algo desprovido de conhecimento*, um impulso *cego*. Isso pode lhes parecer inaudito, porém, é uma verdade há muito conhecida: de fato, já os *escolásticos* a ensinaram. É o que demonstra o erudito e perspicaz Vanini, vergonhosamente assassinado pelos padres e que nunca devemos citar sem rememorar seus vergonhosos assassinos, pertencentes ao beato, fanático e cruel Parlamento de Toulouse, que em 1619 o queimaram vivo, tendo antes arrancado sua língua. A formação de Vanini tinha suas raízes na escolástica, com a qual, portanto, ele tinha grande familiaridade. Em seu *Amphitheatrum*, p. 180, disse: *voluntas potentia caeca est, ex scholasticorum opinione etc.* [A vontade é um poder cego, segundo a doutrina dos escolásticos etc.]

220

Desejar *que um incidente qualquer não tivesse ocorrido* significa desejar algo absolutamente impossível; portanto, é tão disparatado quanto desejar que o sol nasça no Oeste. Pois todo acontecimento ocorre de modo *rigorosamente necessário*. Desse modo, em vão pensamos em quão insignificante e ocasional foram as causas que conduziram àquele incidente e quão facilmente poderiam ter sido diferentes: isso é ilusório, pois todas elas ocorreram com a mesma rigorosa necessidade e atuaram com aquele mesmo poder que aquelas, cuja consequência faz com que o sol nasça no Leste. Devemos, antes, olhar os acontecimentos, tal como ocorrem, com os mesmos olhos com que olhamos o impresso que lemos, sabendo que já estava ali antes de o lermos.

221

Do mesmo modo como *não sentimos* a saúde de todo o nosso corpo, mas apenas o pequeno ponto em que o sapato aperta, também não pensamos em todas as ocasiões em que estamos perfeitamente bem, e sim em alguma miudeza insignificante que nos angustia.

222

A *crítica jornalística* não tem, como erroneamente supõe, poder sobre o *julgamento* do público, mas apenas sobre sua *atenção*; portanto, seu único ato de força consiste no silêncio. Em contrapartida, todo escritor de mérito deve receber bem tanto sua crítica quanto seu elogio – é tudo uma coisa só.

223

A *vida* deve ser vista integralmente como uma *lição rigorosa* que nos é dada, embora nós, com nossas formas de pensamento voltadas a objetivos totalmente diferentes, não consigamos entender como chegamos ao ponto de precisar dela. Mas, por isso, devemos nos lembrar de nossos amigos falecidos com satisfação, considerando que superaram sua lição e desejando que ela tenha sido aproveitada. A partir do mesmo ponto de vista, devemos encarar nossa própria morte como um acontecimento desejado e agradável, em vez de, como ocorre na maioria das vezes, dela sentirmos medo e pavor.

224

Lutas entre animais são o meio cruel de evidenciar plenamente, mediante o *principium individuationis* [princípio de individuação], o conflito que surge na vontade de viver.

225

Na *Revue des Deux mondes*, de 15 de março de 1857, há um artigo, "Les Anglais et l'Inde", de certo major Fridolin, que esteve na Índia. Ele conta, em parte até mesmo segundo o relato específico e pessoal de um oficial inglês, um fenômeno extremamente singular, a saber, o fato de que no reino Oude, nas florestas não longe de Lucknow, teria acontecido com frequência de *um lobo* roubar e alimentar *crianças* já de três anos junto com seus filhotes; por conseguinte, uma dessas crianças adquiriu um comportamento totalmente animalesco e assim permaneceu. Capturada uma dessas crianças somente aos 9 anos de idade, nunca mais se conseguiu ensiná-la os modos humanos, a língua e a razão. Em uma exposição de feras, chegaram a mantê-la dentro de uma jaula junto com outros animais. Por conseguinte, a história de *Rômulo e Remo* não seria tão fantasiosa.

É preciso levar em conta que a fome deveria levar o lobo a devorar a criança e deve ter sido superada por algo mais forte, ou seja, pelo desejo de dá-la como companhia à sua prole.

Não seria extremamente significativo o fato de que, assim como o homem, ao domesticar e humanizar uma espécie de lobo, obteve seu amigo mais fiel, o cão, que Frederic Cuvier descreve como sua conquista mais preciosa, justamente o lobo tenha adotado uma criança? – Não seria isso prova de uma especial *simpatia*, de uma afinidade eletiva entre ambos *generibus*? Afinidade essa que, mais tarde, pode servir para explicar o amor muitas vezes ilimitado entre o cão e seu dono. Também se poderia observar como análogo ilustrativo desse amor o caso oposto, ou seja, a forte *antipatia* e até a aversão horrível que muitas pessoas sentem em relação aos sapos e que deve basear-se não em uma razão física ou estética, e sim em uma secreta razão metafísica. Acrescente-se a isso que, desde sempre, se utilizaram sapos – e não, por exemplo, serpentes venenosas – nas artes de magia.

226

Tal como os *germanos*, os *gregos* eram uma tribo que migrara da Ásia – uma horda; e, distantes de sua pátria, ambos se formaram *a partir de meios próprios*. Todavia, o que se tornaram os *gregos*, e o que se tornaram os *germanos*! – Basta comparar, por exemplo, a mitologia de ambos: de fato, nela os gregos depositaram posteriormente sua poesia e sua filosofia – seus primeiros educadores foram os antigos cantores, Orfeu e Museu, Anfião, Linus e, por fim, Homero. Depois deles vieram os sete sábios e, por fim, foi a vez dos filósofos. Assim, os gregos como que passaram pelas três classes de sua escola – não se pode dizer o mesmo dos germanos antes das invasões bárbaras.

227

Do deus que originariamente era Jeová, filósofos e teólogos tiraram um invólucro depois do outro, até que no final nada restou além da palavra.

228

Nos *ginásios* não se deveria ensinar nenhuma literatura alemã antiga, como os *Nibelungos* e outros poetas da Idade Média etc. Embora essas questões sejam muito singulares e até valham a leitura, não contribuem para formar o gosto e roubam o tempo que cabe à literatura verdadeiramente clássica. Se vós, nobres germanos e patriotas alemães, colocardes no lugar dos clássicos gregos e romanos as pobres e antigas rimas alemãs, estareis educando ninguém mais do que mandriões. Comparar esses *Nibelungos* à *Ilíada* é uma verdadeira *blasfêmia*, da qual os ouvidos da juventude deveriam, sobretudo, ser poupados.

229

Assim como, no começo, a *Lalita Vistara* era bastante simples e natural e a cada um dos sucessivos concílios por que passou recebeu uma nova redação, tornando-se mais complicada e extraordinária, o mesmo ocorreu com o *dogma*, cujas proposições, que eram poucas, simples e grandiosas, aos poucos foram se tornando variegadas, confusas e complicadas, devido a argumentações mais detalhadas, representações no espaço e no tempo, personificações, localizações empíricas etc.; pois o espírito da grande massa ama essas complicações, na medida em que deseja ocupar a imaginação e não se contenta com coisas simples e abstratas.

No fundo, os *dogmas brâmanes* e as distinções entre Bram e Brama, entre Paramatma e Djiwatma, Hiranyagarbha, Pradjapati, Purusha, Prakriti e outros semelhantes (como são muito bem apresentados em um resumo no excelente livro de Obry, *Du Nirvana Indien*, 1856) são apenas ficções mitológicas, formuladas com a intenção de representar *objetivamente* aquilo que, essencial e simplesmente, tem apenas uma existência *subjetiva*; justamente por isso, *Buda* os eliminou e conhece apenas o samsara e o nirvana. Pois, quanto mais disparatados, variegados e complexos forem os dogmas, tanto mais mitológicos serão. Quem melhor entende isso é o iogue ou *saniassi*, que, dispondo o corpo segundo certo método, recolhe todos os seus sentidos para dentro de si, esquece o mundo inteiro e a si mesmo: o que resta em sua consciência é o ser primordial. Só que é mais fácil dizer do que fazer.

230

O *materialismo moderno* é o esterco para adubar o solo para a filosofia.

231

A passagem de *Leibnitz* contra *Locke*, frequentemente citada, mas que seria muito mais significativa e correta na boca de *Kant*, deve constar dos *Nouveaux Essays sur l'entendement humain*, Lib. II, ch. I, § 6 (p. 223, Erdmann)[1] e diz: *On m'opposera cet axiome reçû parmi les philosophes: nihil est in intellectu, quod non fuerit in sensu: – excipe:* nisi intellectus ipse ["Este axioma que circula entre os filósofos me será oposto: nada há no intelecto que já não houvesse antes nos sentidos: – *exceto o próprio intelecto*"].

232

Peço aos senhores professores que parem de se esforçar. Eu mesmo digo, sem rodeios, por mais que isso os espante: não penso que ensinar *mitologia judaica* junto à empresa da filosofia seja minha profissão.

E ainda que por mais cem anos sejam contadas as mesmas historinhas, por acaso tereis dado um passo adiante?

233

O ser humano prefere confiar na graça alheia a confiar no próprio mérito: esse é um dos principais suportes do *teísmo*.

---

1. G. W. Leibniz, *Nouveaux essais*, II, I, § 6, in: *Opera Philosophica, quae extant Latina, Gallica, Germanica, omnia*, organizado por J. E. Erdmann. Berlim, Eichler, 1840, p. 223.

234

Os caprichos provenientes do *impulso sexual* são totalmente análogos aos *fogos-fátuos*; enganam do modo mais vívido. Contudo, se os seguirmos, eles nos conduzirão a um pântano e desaparecerão.

235

Não teria todo *gênio* sua raiz na perfeição e na vivacidade com que se lembra da própria história de vida? Pois é apenas graças à lembrança, que realmente une nossa vida a um grande todo, que alcançamos uma compreensão mais abrangente e profunda do que os outros.

236

O *diabo* é no *cristianismo* um personagem altamente indispensável, como contrapeso à infinita bondade, à infinita sabedoria e ao infinito poder de Deus, uma vez que, dadas essas qualidades divinas, não haveria como explicar de onde proviriam os infindos e inúmeros males que prevalecem no mundo, não fosse o diabo para assumi-los todos por sua conta. Por essa razão, desde que os racionalistas o eliminaram, cada vez mais se fez sentir a crescente desvantagem que, por outro lado, se originou dessa eliminação; como era previsível e como os ortodoxos o previram. Pois não se pode tirar um pilar de um edifício sem colocar em perigo todo o restante. – Com isso também se confirma o que fora constatado em outro lugar, ou seja, que Jeová é uma transformação de Ormuzd, e Satã, de Arimã, que dele é inseparável: o próprio Ormuzd, porém, é uma transformação de Indra.

237

Ut mundus, sive homo, summam ac veram felicitatem adipisceretur, ante omnia opporteret, tempus sistere. *Ego* [Para que o mundo ou o homem alcance a máxima e verdadeira felicidade, seria necessário, sobretudo, *parar o tempo*. Eu digo isso.]

238

Sob o *invólucro alterável* de seus anos, de suas relações e até mesmo de seus conhecimentos e opiniões, encontra-se, tal como um caranguejo em sua carapaça, o *homem idêntico* e *real*, totalmente inalterável e sempre igual.

239

Dos milhares de seres humanos que a todo instante nascem neste planeta (e certamente em inúmeros outros), enquanto outros tantos são destruídos, cada um anseia, após alguns anos de vida, uma *duração eterna* em outros mundos (o Céu sabe quais); com isso, acabam fechando os olhos para o mundo animal. Evidentemente, essa é uma pretensão ridícula: não obstante, é legítima e até mesmo cumprida; contudo, somente pelo fato de que a individualidade é uma mera aparência, produzida pelo *principium individuationis* [princípio de individuação]. – Todos perduram – na essência que aparece em todos eles e, precisamente, *por completo* em cada um. É nesse sentido que a pretensão realmente se realiza: só que ela própria não se entende.

240

O *catolicismo alemão* ou *neocatolicismo* nada mais é do que um *hegelianismo* popularizado. Como este, ele não explica o mundo, que permanece como está, sem maiores esclarecimentos. O mundo recebe apenas o nome de *Deus*, e a humanidade, o nome de *Cristo*. Ambos são uma "finalidade em si", ou seja, existem para estar bem, enquanto durar a breve vida. *Gaudeamus igitur!* E a apoteose hegeliana do Estado continuará a ser conduzida até o comunismo. Nesse sentido, uma representação bastante fundamental do neocatolicismo é dada por F. Kampe, *Geschichte der religiösen Bewegung neuerer Zeit,* vol. 3, [Leipzig, Wigand,] 1856.

241

Portanto, a *consciência de Deus* significa que, *a priori* e por nós próprios, estaríamos imediatamente conscientes de que um ser pessoal fez o mundo. Uma consciência como essa até existe, mas não *a priori*. Ao contrário, muito recentemente, recebemos até mesmo uma representação intuitiva da *gênese da consciência de Deus*, que, como tal, pode servir para evidenciá-la até aos mais prevenidos; aliás, recebemos uma gravura em cobre muito difundida, que representa uma criança de 3 anos, ajoelhada na cama, com as mãos unidas em oração e a cabeça voltada para cima: a seu lado está a mãe, que a disciplina dessa forma e lhe dita as palavras. – Quem, aos 3 anos de idade, com o cérebro delicado, tenro e em pleno crescimento, é preparado dessa maneira, certamente conservará durante a vida inteira uma consciência indelével de Deus, e não é de admirar que a considere inata. – Contudo, semelhante processo é visto, sobretudo, como a inoculação de uma ideia fixa, independentemente de onde for aplicado; seja qual for a ideia e ainda que seja absurda, ela se fixará até o fim do indivíduo e valerá para ele como se fosse inata, como revelação imediata ou sabe mais Deus o quê.

242

Deve-se sempre conceber *Jesus Cristo*, no âmbito geral, como o símbolo ou a personificação da *negação da vontade de viver*; todavia, não de maneira individual, seja de acordo com a sua história mítica nos Evangelhos, seja de acordo com aquela supostamente verdadeira e que lhe é subjacente: pois nem uma nem outra alternativa irá satisfazer completa e facilmente. Trata-se apenas do veículo daquela primeira concepção para o povo, que sempre requer algo factual.

243

Voltando nosso olhar para fora, consideremos que *ho bios brakhys hê de tekhné makra* [A vida é breve, e a arte é longa, Hipócrates, *Aforismos*, I] e como os maiores e mais belos espíritos, geralmente quando mal conseguiram atingir o ápice de sua capacidade, e os grandes eruditos, quando acabaram de alcançar uma compreensão fundamental de sua ciência, são arrebatados pela morte (tal como Rafael, Mozart, entre outros). Desse modo, isso também nos confirma que o sentido e a finalidade da vida não são *intelectuais*, e sim *morais*.

244

Aqueles que disponibilizam para a *história* um lugar de destaque na filosofia, construindo-o de acordo com um *plano universal* pressuposto, segundo o qual tudo é governado da melhor forma, devendo finalmente ocorrer e ser uma grande glória, tais pessoas tomam o mundo como perfeitamente real e depositam sua finalidade na pobre *felicidade terrena*, que, mesmo quando muito bem cuidada pelos homens e favorecida pelo destino, é uma coisa vazia, ilusória, decrépita e triste, a partir da qual nem as constituições e os códigos, nem as máquinas a vapor e os telégrafos jamais poderão fazer algo essencialmente melhor.

Por conseguinte, os mencionados filósofos e enaltecedores da história são realistas, otimistas e eudemonistas, ou seja, sujeitos superficiais e filisteus inveterados, mas, além disso, maus cristãos, uma vez que o verdadeiro espírito e o cerne do *cristianismo* (exatamente como do bramanismo e do budismo) é o reconhecimento da nulidade da felicidade terrena, o total desprezo dela e o direcionamento a uma existência totalmente diferente e até oposta: estes, digo eu, são o espírito e a finalidade do cristianismo, o verdadeiro "humor da questão", e não, como eles pensam, o monoteísmo; justamente por essa razão, o budismo ateu está muito mais próximo do cristianismo do que o judaísmo otimista e o islamismo.

245

De que maneira significativa algumas cenas e alguns eventos de nossa vida passada se apresentam à lembrança, embora na época os tenhamos deixado passar sem lhes conferir especial apreciação! Mas tiveram de passar, tendo sido apreciados ou não: são justamente as *pedras do mosaico*, com as quais é formada a imagem do que recordamos de nossa história de vida.

246

Que o *tédio*, que acomete até os animais mais inteligentes, venha logo depois da *necessidade* é uma consequência do fato de a vida não possuir um *teor verdadeiro e autêntico*, mas apenas ser mantida em *movimento* por necessidade e ilusão. Contudo, tão logo esse movimento se interrompe, toda a nudez e todo o vazio da existência se revelam.

247

Sempre que um homem é gerado e nasce, dá-se novamente corda no *relógio da vida humana*, para então repetir-se a mesma cantilena pela enésima vez, frase por frase, compasso por compasso, com variações insignificantes.

248

Por outro lado, é digno de nota o fato de *São Francisco*, que deixou espontaneamente o bem-estar pela vida mendicante, ter dado um passo muito semelhante àquele dado pelo Buda Shakia Muni, e de que sua vida, tanto quanto sua instituição, tenha sido uma espécie de *saniassismo*; é notável, a meu ver, que esse santo cristão também revele uma semelhança com o espírito indiano devido a seu grande amor pelos animais e a seu contato frequente e amigável com eles, chamando-os sempre de seus irmãos e suas irmãs.

Do mesmo modo, seu belo *Cantico* demonstra seu espírito indiano inato através da louvação ao sol, à lua, às estrelas, ao vento, à água, ao fogo e à terra.

249

À *ascese cristã* falta um *motivo* autêntico, claro, distinto e imediato: seu único motivo é a imitação de Cristo; todavia, este não exerceu uma verdadeira ascese, embora tenha recomendado a pobreza voluntária (Mateus 10, 9).

Além disso, a mera imitação de outrem, seja ele quem for, não constitui um motivo imediato, autossuficiente e que esclareça o sentido e a finalidade da questão.

250

O homem que *não* entende *latim* assemelha-se àquele que se encontra em uma bela região com tempo nublado: seu horizonte é extremamente limitado; ele só enxerga com clareza o que lhe está próximo e, poucos passos mais adiante, tudo se torna indistinto. Em contrapartida, o horizonte do latinista vai muito longe, através dos séculos mais recentes, da Idade Média, da Antiguidade. – Grego ou até sânscrito certamente ampliam o horizonte de maneira ainda mais considerável.

Quem *não* entende *latim* pertence ao vulgo, ainda que seja um grande virtuose em máquinas elétricas e tenha em seu cadinho o radical do ácido de espato de flúor.

251

Pode-se dizer que o homem deu a *vontade* a si mesmo, pois, a vontade é ele próprio: mas o *intelecto* é uma dádiva que ele recebeu do céu – ou seja, do eterno e misterioso destino e de sua necessidade, cujo mero instrumento foi sua mãe.

252

A completa satisfação, a tranquilidade final, o verdadeiro estado desejável se nos apresentam sempre e apenas na imagem, na *obra de arte*, na poesia, na música. Certamente, a partir disso se poderia alcançar a confiança de que em algum lugar eles têm de existir.

253

Não reconhecemos facilmente *o aspecto significativo* dos acontecimentos e das pessoas no *presente*: somente quando estão no passado é que têm sua importância ressaltada, destacado-se da lembrança, da narração e da apresentação.

254

A *força vital emprega e utiliza* as forças da natureza inorgânica, mas de modo algum nelas *consiste*; tão pouco quanto o ferreiro consiste em martelo e bigorna. Portanto, se nem mesmo a vida vegetal mais simples pode ser explicada a partir delas, por exemplo a partir da força dos tubos capilares e da endosmose, o que dirá então a vida animal.

1858

255

Quando o budista define o *nirvana* como o nada, deve estar querendo dizer que o *samsara* nada tem de bom, ou seja, que ele não contém nem um único elemento que pudesse servir para esclarecer ou construir o nirvana.

256

Misantropia e amor pela solidão são conceitos intercambiáveis.

257

Em todas as coisas, um indivíduo pode ter o julgamento mais correto e pertinente, menos em suas próprias questões; pois, nesse caso, a vontade perturba, de imediato, o intelecto. Por isso, é preciso consultar alguém, pela mesma razão que faz com que todo médico cure os outros, menos a si mesmo, e depois chame um colega quando fica doente.

258

Isso é o *samsara*, e tudo o que estiver dentro dele o proclama; porém, mais do que tudo, o mundo humano, como aquele em que, do ponto de vista moral, predominam de modo assustador a maldade e a baixeza e, do ponto de vista intelectual, a incapacidade e a estultice. Não obstante, ainda que muito esporadicamente, mas sempre nos surpreendendo a cada vez, nele aparecem manifestações de honestidade, bondade e até de nobreza de espírito, bem como de grande inteligência, de pensamento e até de genialidade. Essas manifestações nunca se extinguem por completo: brilham para nós, como pontos cintilantes que se sobressaem na grande massa escura. Temos de tomá-las como uma garantia de que um princípio bom e redentor existe nesse *samsara*, um princípio que pode manifestar-se, preenchendo e libertando o todo.

259

Nas tragédias francesas, a *unidade da ação* foi entendida de forma que o decurso dramático equipara-se a uma linha geométrica sem largura. Nelas, a palavra de ordem é: "Sempre em frente! *pensez à votre affaire!*" [Pensai no que vos interessa!], e a questão é despachada e resolvida de modo totalmente objetivo, sem que as pessoas se detenham em extravagâncias que a ela não pertencem nem olhem para a direita ou para a esquerda.

Em contrapartida, a tragédia shakespeariana equipara-se a uma linha que também tem largura: não limita o próprio tempo, *exspatiatur*; contém falas e até cenas inteiras que não favorecem a ação e até nem lhe dizem respeito, mas que nos permitem conhecer mais de perto os personagens agentes e suas circunstâncias, bem como entender a ação com mais profundidade. Embora esta continue sendo o fator principal, não o é de modo tão exclusivo que nos faça esquecer que, em última instância, o objetivo da tragédia é, sobretudo, representar a existência e a essência humana em geral.

260

Quanto *menos o indivíduo pensa*, mais tem os olhos por toda parte: nele, a visão deve tomar o lugar do pensamento.

261

Na verdade, a oposição que ensejou a hipótese de duas substâncias basicamente diferentes, *corpo e alma*, é a do *objetivo e do subjetivo*. Se o ser humano se compreende de modo objetivo na intuição externa, ele encontra um ser espacialmente estendido e, em geral, totalmente corporal; por outro lado, se ele se compreende na simples autoconsciência, portanto, de modo meramente subjetivo, então encontra um ser que apenas quer e imagina, livre de todas as formas de intuição e, portanto, também sem nenhuma das propriedades pertinentes ao corpo. O fato de ambos serem vistos como a mesma coisa de dois lados já lhes fora dita por *Espinosa*.

262

Uma *lei natural* nada mais é do que um fato generalizado. Por conseguinte, conhecer completamente todas as leis naturais equivaleria apenas a compilar um registro de fatos. O conhecimento das leis naturais é mais importante para a prática, na qual se trata de atrelar a natureza ao arado, do que para a teoria, na qual ele mais lança perguntas do que as resolve.

263

O *olhar da inteligência*, mesmo o mais sutil, distingue-se daquele da *genialidade*, pois carrega como marca o fato de estar a serviço da vontade; serviço do qual o gênio está isento.

264

Meister Eckhard tem um conhecimento admiravelmente profundo e correto. (Na *Protestantischen Monatsschrift* de abril de 1858, há um bom artigo de Steffensen sobre ele. Meister Eckhard ganha renome em 1307, em Erfurt; é mais velho do que *Tauler*, que o cita, recorrendo a ele. Cerca de um terço daquilo que foi publicado por Pfeiffer encontra-se nos anexos das edições mais antigas de Tauler, e nas mais recentes foi deixado de lado. Para Steffensen, os melhores sermões são os de número 56 e 87. Como amostra da perspectiva de Eckhard, ele fornece uma passagem muito bonita, de cerca de cinco páginas, cuja parte maior foi extraída de um sermão.) Todavia, a transmissão de seu conhecimento foi corrompida, pois, em consequência de sua educação, a mitologia cristã transformou-se totalmente em uma ideia fixa para ele; assim, para uni-la a seu conhecimento pessoal ou, pelo menos, falar sua língua, passou a ocupar-se constantemente de Deus, das três pessoas da Trindade e da Santa Virgem, que, no entanto, ele toma de maneira alegórica; nessa luta, a todo instante seu Deus faz com que ele se transforme n'Ele próprio. Isso vai tão longe que chega a beirar o ridículo: por exemplo, na p. 465, uma penitente devota dirige-se a seu confessor para lhe dizer: "Padre, ficai feliz por mim, tornei-me Deus." Surge uma exposição difícil de entender e, por vezes, até contraditória. Observado melhor, *Meister Eckhard* utiliza a mitologia cristã apenas como uma linguagem figurada ou hieróglifos, nos quais lê coisas completamente diferentes daquelas visivelmente presentes. Ele concebe o cristianismo de maneira totalmente *alegórica*, quase como os neoplatônicos utilizavam a [linguagem figurada] pagã, e sua doutrina é fundamentalmente diferente do cristianismo bíblico.

A isso se relaciona o fato de ele ter escrito muito; como nunca estava satisfeito e não conseguia exprimir de maneira clara e concisa o que tinha a dizer, sempre recomeçava seu texto e o repetia constantemente.

Em substância, Buda, Eckhard e eu temos a mesma doutrina. Eckhard, preso à sua mitologia cristã. No *budismo* encontram-se os mesmos pensamentos, não atrofiados por tal mitologia e, portanto, simples e claros, até onde a religião pode ser clara. Em mim, a clareza completa.

Indo à raiz dos fatos, parece evidente que *Meister Eckhard* e Shakia Muni ensinam a mesma coisa; só que aquele não pode nem *consegue* expressar seus pensamentos diretamente como este; ao contrário, vê-se obrigado a traduzi-los na linguagem e na mitologia do cristianismo; por isso, sua dificuldade e seu esforço crescem, enquanto, para o leitor, o que cresce é a incompreensão, pois ele diz o que não pensa e pensa o que não diz. Eis por que a edição de Pfeiffer traz a epígrafe extraída de um códice: "Meister Eckhart queixou-se, dizendo que ninguém consegue entender seus sermões." Em contrapartida, a maior parte da *Theologia Deutsch* está isenta de todos os seus erros. Não obstante, Eckhard é, sem dúvida, o melhor dos três.

265

O *materialismo* praticado é a tentativa de esclarecer o que nos é dado diretamente a partir do que é dado indiretamente. Tudo o que é objetivo, extenso e atuante, ou seja, toda materialidade, que considerais um fundamento tão sólido de todas as explicações que uma recondução a ela, sobretudo se terminar em choque e contrachoque, nada mais poderia deixar a desejar – tudo isso, digo eu, é apenas algo dado de maneira extremamente indireta e que, por isso, tem uma existência apenas relativa, pois passou pelo maquinário e pela fabricação realizada pelo cérebro e depois entrou em suas formas, em seu espaço, em seu tempo e em sua causalidade, graças aos quais se apresenta, primeiramente, como expandido no espaço e atuante no tempo. Portanto, a partir de um dado *como esse*, quereis esclarecer até mesmo o que é dado diretamente, a representação (em que tudo aquilo se encontra) e até mesmo a vontade, a partir da qual, na verdade, há que se esclarecer, antes, todas aquelas forças fundamentais que se manifestam no fio condutor das causas e que, por isso, são legítimas.

266

Evidentemente, esses *panteístas* dão ao *samsara* o nome de *Deus*. Por outro lado, o mesmo nome é dado pelos místicos ao *nirvana*. Contudo, deste contam mais do que podem saber, coisa que os *budistas* não fazem; por isso, seu nirvana é justamente um relativo nada. – O termo "deus" é usado em seu sentido verdadeiro e correto pela sinagoga, pela Igreja e pelo Islã. Se entre os *teístas* existem aqueles que pelo nome "deus" entendem o *nirvana*, não queremos discutir com eles por causa do nome. Ao que parece, os *místicos* são os que entendem assim. *Re intellecta, in verbis simus faciles* [Quando estamos de acordo sobre uma questão, não queremos criar nenhuma dificuldade com as palavras].

267

De modo geral, na *República dos Eruditos* as coisas se dão como na República do México, onde cada um pensa apenas na *própria* vantagem, buscando obter prestígio e poder *para si* e não se preocupando nem um pouco com a coletividade, que acaba sendo arruinada. Exatamente da mesma maneira, na República dos Eruditos, cada um busca fazer valer apenas a si mesmo para conquistar prestígio. A única coisa com a qual todos concordam é não deixar aparecer uma cabeça de fato eminente, caso um dia ela devesse mostrar-se, pois tal cabeça logo se tornaria perigosa para todos. É fácil prever qual o destino da totalidade das ciências em semelhante estado de coisas.

268

Nas igrejas *protestantes*, o objeto que mais chama a atenção é o *púlpito*; na *católica*, o *altar*. Isso significa simbolicamente que o protestantismo dirige-se, antes de tudo, à compreensão, e o catolicismo, à fé.

269

Os *professores de filosofia* devem aprender a compreender que a filosofia tem outras finalidades além daquela de concluir a educação de futuros professores, pastores e médicos de família.

270

A vida da *"época atual"* é uma grande *galopada*: na literatura, manifesta-se como extrema labilidade e superficialidade.

271

O doutor Sederholm, pároco de Moscou que sabe sueco, diz que *"seelig"* [bem-aventurado] não vem de *Seele* [alma], e sim da palavra sueca *Sal*, que significa plenitude, esplendor, bem-aventurança (mas não no sentido teológico), e que, em alemão, mantém-se apenas em suas derivações *Trübsal* [tristeza], *Schicksal* [destino] etc.: – portanto, em vez de *seelig*, dever-se-ia escrever *sälig*.

272

A morte anula a ilusão que separa nossa consciência daquela dos demais. Nisso consiste a *perduração*.

273

hê alazoneía tês hedonês [a soberba do prazer]
A ilusão que os desejos eróticos nos preparam deve ser comparada a certas estátuas, que, em consequência do local em que se encontram, são planejadas para serem vistas apenas de frente e, assim, parecem belas; em contrapartida, de trás, oferecem uma visão ruim. Análogo a isso é o que a paixão simula para nós enquanto a temos em perspectiva e a vemos se aproximar: um paraíso de deleites, mas que, quando passa e é visto por trás, se mostra como algo pequeno e insignificante, quando não repugnante.

274

Aquilo *que se sabe* tem duplo valor quando se admite, simultaneamente, não saber aquilo que *não* se *sabe*. Pois, assim, aquilo que se sabe ficará isento da suspeita a que se expõe quando, por exemplo como fazem os schellinguianos, se pretende saber também aquilo que não se sabe.

275

As *pessoas* são como mecanismos de relógios, nos quais se dá corda e que caminham sem saber por quê.

276

A *putrefação* é a decomposição de um corpo orgânico primeiramente em seus elementos químicos *mais próximos*. Como estes são mais ou menos os mesmos em todos os seres vivos, a vontade onipresente de viver pode apoderar-se deles, a fim de produzir, por *generatio aequivoca* [geração espontânea], novos seres que, mais tarde, formando-se de maneira adequada, nascerão da coagulação desses elementos, assim como o pintinho nasce a partir do líquido do ovo. Porém, quando isso não ocorre, a matéria em putrefação decompõe-se em elementos *mais distantes*, que são as substâncias químicas primitivas, e retornam ao grande ciclo do mundo.

277

A *mitologia do cristianismo*, tão intricada, confusa e até tuberosa, com a representativa morte expiatória de Cristo, a *predestinação* e a justificação por meio da fé etc., é filha de dois pais muito heterogêneos: de fato, surgiu do conflito da *verdade sentida* com o monoteísmo judaico *existente*, que se opõe a ela de maneira essencial.

Eis a razão para a existência de contraste também entre as passagens *morais* do Novo Testamento, que são primorosas, mas que só preenchem cerca de 10 a 15 páginas; todas as outras consistem, por um lado, em uma metafísica forçada e incrivelmente barroca, a despeito de toda compreensão humana, e, por outro, em fábulas feitas para causar espanto.

Minha filosofia esclareceu e formulou claramente essa verdade sempre *sentida*: eis por que despertou o entusiasmo de muitos.

278

A verdadeira *essência do mundo*, das coisas e do homem é sempre a mesma, permanecendo e persistindo no *Nunc stans* [no presente constante], fixa e imóvel: a mudança dos fenômenos e acontecimentos é mera consequência da concepção que fazemos dela por meio de nossa forma de intuir o tempo.

279

Existem *duas histórias*: a *política* e a da *literatura* e da arte. A primeira é a da *vontade*, a segunda, a do *intelecto*. Por isso, a primeira é totalmente angustiante e até assustadora: medo, aflição, engano e terríveis assassinatos, em grande quantidade. A segunda, ao contrário, é sempre agradável e alegre, como o intelecto isolado, mesmo quando descreve caminhos errôneos. Seu principal ramo é a história da filosofia. Na verdade, esta é seu baixo fundamental, que chega a soar na outra história, nela também conduzindo, a partir de sua base, a opinião: esta, porém, domina o mundo. Por isso, a filosofia propriamente dita e bem compreendida também é o poder material mais intenso, não obstante seu efeito se dê de maneira muito lenta.

280

Para *julgar qualquer pessoa*, o justo critério é saber que, na verdade, trata-se de um ser que não deveria absolutamente existir, e sim expiar sua existência com várias formas de sofrimento e com a morte: – o que se pode esperar de um ser assim? Não somos todos pecadores condenados à morte? Disso também é alegoria o *pecado original*.

281

Há muitos seres bípedes e quadrúpedes que para *nada* mais servem além de *existir*.

282

Quão pouca honestidade há entre os *escritores* é algo que se torna visível pela falta de escrúpulos com que falsificam as citações de textos alheios. Encontro regularmente passagens de meus escritos falsificadas em citações – e apenas meus seguidores mais declarados são exceção nesse caso. Muitas vezes, a falsificação ocorre por negligência, posto que já têm em sua pena as expressões e locuções triviais e banais e, por força do hábito, as escrevem; outras vezes, a falsificação ocorre pela petulância de quererem melhorar-me; mas também com muita frequência ocorre por má-fé – e, nesse caso, é uma infâmia vergonhosa e uma velhacaria que, como a falsificação de moedas, priva para sempre seu autor do caráter de homem honesto.

283

O *sofrimento do mundo animal* só se justifica se considerarmos que a vontade de viver – uma vez que no mundo fenomênico não existe absolutamente nada fora dela e que se trata de uma vontade faminta – é obrigada a devorar *sua própria carne*. Eis a razão para a sucessão de suas aparências, cada uma das quais vivendo à custa da outra.

284

Não se podem *traduzir poemas*, mas apenas parafraseá-los, o que é sempre desagradável.

285

A *Idade Média* é a superstição personificada.

286

Inteligência significa exclusivamente a *compreensão* que se encontra a serviço da vontade.

287

Durante 1800 anos, a *religião* colocou uma focinheira na *razão*. – A tarefa dos professores de filosofia é fazer a *mitologia judaica* passar por filosofia.

288

Para a natureza, é apenas a nossa *existência*, e não nosso *bem-estar* que tem importância.

1859

289

Na verdade, não se pode dizer que a *vida humana* seja longa nem curta, pois, no fundo, ela é a medida com a qual calculamos todos os outros períodos.

290

O que os franceses chamam de *gloire* [glória] no sentido bélico deve ser entendido como um sinônimo de *butin* [despojo]. Voltaire diz: *Dans toutes les guerres il ne s'agit que de voler* [Em todas as guerras, trata-se apenas de roubar.][1] Ele era francês.

291

Que as cabeças limitadas fiquem tão expostas ao *tédio* provém do fato de que seu *intelecto* não é absolutamente nada além do *instrumento dos motivos* para sua vontade. Se no momento não houver nenhum motivo ao

---

1. Ver nº 63, nota 1.

alcance da mão, a vontade repousa e o intelecto entra em férias; tão pouco quanto a vontade, o intelecto não se coloca espontaneamente em atividade; o resultado é a terrível estagnação de todas as forças em todo o homem – o tédio. Para combatê-lo, à vontade são oferecidos pequenos motivos, apenas provisórios e aceitos conforme agradem, a fim de animá-la e, assim, também colocar em atividade o intelecto que tem de compreendê-los. Por conseguinte, esses motivos se comportam em relação àqueles reais e naturais como a cédula de dinheiro em relação à prata, uma vez que seu valor é arbitrariamente aceito. Tais motivos são os *jogos*, com cartas etc., que foram inventados para cumprir a já mencionada finalidade. Se não se pode recorrer a esses meios, o homem limitado ajuda-se estalando e tamborilando tudo o que cai em sua mão. Até o charuto lhe é um substituto bem--vindo dos pensamentos.

292

Todo *dia é uma pequena vida* – todo ato de despertar e levantar, um pequeno nascimento; toda fresca manhã, uma pequena juventude, e todo ato de deitar-se e adormecer, uma pequena morte.

293

Sobre *O mundo como vontade e representação*, 3ª ed., vol. 2, p. 734 ou p. 699.

Se não perdermos de vista essa *imanência* essencial *de nosso e de todo conhecimento*, apresentada nas pp. 734-36, e que provém do fato de esse conhecimento ser algo secundário, que surgiu apenas para servir os objetivos da vontade, então compreenderemos por que todos os místicos de todas as religiões alcançam, por fim, uma espécie de *êxtase*, no qual todo e qualquer *conhecimento*, com sua forma fundamental composta por *objeto e sujeito*, finda por completo, e por que asseguram que alcançaram seu objetivo supremo somente nesse local situado além de todo conhecimento, pois chegaram aonde já não há sujeito nem objeto, portanto, nenhum tipo de conhecimento, justamente porque já não há vontade que o conhecimento possa servir, como se esta fosse sua única função.

Quem compreendeu isso já não considerará exageradamente insensato que faquires se sentem e, olhando para a ponta de seu nariz, tentem banir todo pensamento e toda representação, e que em muitas passagens do Upanixade sejam dadas instruções sobre como aprofundar-se no próprio interior, onde sujeito, objeto e todo conhecimento deixam de existir, pronunciando internamente e em silêncio o misterioso om.

294

Se olho para um objeto qualquer, por exemplo, um panorama, e imagino minha cabeça sendo cortada nesse momento, então sei que o objeto permaneceria irremovível e fixo; porém, em última análise, isso implica que eu também ainda existiria. Poucos entenderão isso, mas que seja dito para esses poucos.

295

Tomado de indignação com a vergonhosa mutilação da língua alemã, que, há uma série de anos, vem sendo praticada metodicamente e *con amore*, com tanto zelo quanta falta de bom-senso, pelas mãos de vários milhares de maus escritores e pessoas sem juízo, vejo-me obrigado ao seguinte esclarecimento: que minha maldição caia sobre todo aquele que, nas futuras impressões de minha obra, alterar conscientemente alguma coisa nela, seja um período, seja apenas uma palavra, uma sílaba, uma letra ou um sinal de pontuação.

Há muito já declarei que, para alcançar uma compreensão aprofundada de minha filosofia, é preciso ter lido cada linha de minhas poucas obras. A atual edição completa vem ao encontro dessa exigência de uma maneira que me deixa satisfeito, uma vez que nela o leitor logo pode encontrar tudo reunido e lê-lo na ordem adequada, que é a seguinte: 1) *Raiz quádrupla*; 2) *O mundo como vontade e representação;* 3) *Vontade na natureza*; 4) *Ética*; 5) *Parerga*. – A *Teoria das cores* é uma obra independente.

1860

296

A história de um esquilo, que uma *serpente* atrai *magicamente* para suas fauces, encontra-se muito bem descrita em *Siècle*, de 10 de abril de 1859, e, a partir dessa obra, no *Journal du Magnétisme*, de Dupotet, de 25 de maio de 1859.

Essa história é importante não apenas do ponto de vista mágico, mas também como argumento em favor do pessimismo: o fato de um animal ser atacado e devorado por outro é ruim, contudo, é possível tranquilizar-se a respeito; porém, o fato de um pobre e inocente esquilo, que está sentado ao lado do ninho com seus filhotes, ser obrigado a enfrentar, passo a passo, hesitando, lutando consigo mesmo e lamentando, as fauces escancaradas da serpente e precipitar-se dentro delas conscientemente, é tão revoltante e atroz que se sente quanto Aristóteles estava certo ao dizer: *hê phýsis daimonia men esti, ou de theia* [Embora (toda) a natureza seja cheia de demônios, ela não é totalmente divina, *De divinatione per somnum*, II, 463 b, 14].
– Que natureza horrível essa à qual pertencemos!

297

Para assegurar a constante *atenção e a simpatia* do público, é preciso escrever alguma coisa que tenha valor permanente ou sempre escrever algo novo, que, justamente por isso, terá um resultado cada vez pior.
Se, mal e mal, quero permanecer no topo,
Tenho de escrever um livro por feira.
Sic fere [mais ou menos segundo] Tieck.

298

Aquela existência que permanece indiferente à *morte* do indivíduo não tem como forma nem o tempo nem o espaço; porém, tudo o que para nós é real aparece nessas formas: eis por que a morte se nos apresenta como aniquilamento.

299

Com efeito, a suspensão das *funções animais* é o sono; a das *funções orgânicas* é a morte.

300

Existe apenas *um presente*, e ele existe sempre, pois é a única forma da existência real. É preciso conseguir compreender que o *passado* é diferente do presente não *em si*, mas apenas em nossa apreensão, que tem como forma *o tempo*, em virtude do qual apenas o que é presente se apresenta de modo diferente do que é passado.

Para favorecer essa compreensão, basta pensarmos em todos os *acontecimentos* e em todas as *cenas da vida humana*, ruins e boas, felizes e infelizes, agradáveis e horríveis, tal como se nos apresentam sucessivamente ao longo dos tempos e nos diferentes lugares, nas variedades e mudanças mais coloridas, como se sempre existissem, *de uma só vez e ao mesmo tempo*, no *Nunc stans* [no presente constante], enquanto apenas aparentemente ora existe isso, ora, aquilo; – então se entenderá o que a objetivação da vontade de viver significa de fato. – O prazer que nos proporcionam as pinturas de gênero também repousa principalmente no fato de que elas fixam cenas fugazes da vida. – O dogma da metempsicose [transmigração da alma] proveio do sentimento da verdade explicitada.

301

No fundo, a *vulgaridade* consiste no fato de que, na consciência, o querer prepondera inteiramente sobre o conhecimento, a tal ponto que o conhecimento se manifesta apenas para servir a vontade e que, portanto, quando esse serviço não o exige, ou seja, quando não existem motivos, nem grandes nem pequenos, o conhecimento cessa por completo, e um total vazio de pensamento toma lugar. Todavia, o querer sem conhecimento é o que de mais vulgar pode existir: todo cepo tem madeira e a mostra, ao menos quando cai. Por isso, esse estado exaure o conceito de vulgaridade. Nele permanecem ativos apenas os órgãos do sentido e a escassa atividade intelectual, necessária para a apreensão de seus dados, de modo que o homem vulgar permanece constantemente aberto a todas as impressões, ou seja, percebe instantaneamente tudo o que se passa a seu redor; assim, o som mais baixo e toda circunstância, ainda que insignificante, logo despertam sua atenção, exatamente como nos animais. Todo esse estado torna-se visível em seu semblante e em toda a sua feição – dos quais, justamente, provém o aspecto vulgar, cuja impressão é tão mais repugnante quando, como na maioria das vezes, a vontade que, nesse caso, é a única a preencher a consciência, é baixa, egoísta e, sobretudo, ruim.

302

Toda coisa tem *dois tipos de propriedades*: aquelas que podem ser conhecidas *a priori* e aquelas que só podem ser conhecidas *a posteriori*. As primeiras surgem do intelecto que as concebe; as segundas, da essência em si da coisa, que é aquilo que encontramos em nós como vontade.

303

A *escala* mais correta para medir a *hierarquia das inteligências* fornece o grau em que elas compreendem as coisas de modo meramente *individual* ou cada vez mais *genérico*. O animal reconhece apenas o indivíduo como tal, portanto, permanece totalmente sujeito à compreensão do individual. Porém, todo homem condensa o individual em conceitos, nos quais consiste justamente o uso de sua razão, e esses conceitos tornam-se cada vez mais genéricos, quanto mais elevada for sua inteligência. Quando essa compreensão do genérico também penetrar o conhecimento *intuitivo*, e quando não apenas os conceitos, mas também o intuído for imediatamente compreendido como algo genérico, então surgirá o conhecimento das *ideias* (platônicas): esse conhecimento é estético; quando automático, torna-se genial e, quando se torna filosófico, alcança o grau mais elevado, na medida em que, posteriormente, a totalidade da vida, dos seres e de sua efemeridade, do mundo e de sua subsistência, aparece intuitivamente concebida em sua verdadeira natureza e se impõe nessa forma à consciência como objeto da meditação. Trata-se do máximo grau da reflexão. – Portanto, entre este conhecimento e aquele meramente animal existem inúmeros graus, que se distinguem mediante o devir cada vez mais genérico da concepção.

304

Às pessoas eles erigem *monumentos*, com os quais a posteridade não saberá absolutamente o que fazer. – Mas aos *cidadãos* eles não erigem nenhum.

305

O *presente* tem duas metades: uma *objetiva* e outra *subjetiva*. Apenas a objetiva tem como forma a intuição do *tempo* e, por isso, corre sem cessar. A subjetiva permanece fixa e, portanto, sempre a mesma. Disso derivam nossa vívida lembrança do que já ocorreu há muito tempo e a consciência de nossa imortalidade, apesar do conhecimento da fugacidade de nossa existência.

De minha proposição inicial *"o mundo é minha representação"*, segue imediatamente: "Primeiro sou eu, depois, o mundo." Dever-se-ia ater-se isso como ao antídoto contra a confusão entre morte e aniquilamento.

306

Em todas as coisas e em todas as épocas a verdade foi sentida pelo indivíduo e encontrou expressão em sentenças isoladas, até ser compreendida por mim em contexto.

307

O que caracteriza os *grandes* escritores (no gênero mais elevado), bem como os artistas e, por isso, é um traço comum a todos eles, é o fato de que levam *a sério aquilo que fazem*. Os outros nada levam a sério, a não ser seu proveito e seu lucro, e como esses senhores são cabeças comuns, querem que não haja nada além de cabeças comuns.

308

Que cada um pense que seu cerne mais íntimo é algo que contém *o presente* e o carrega consigo.

309

Todas as *ciências naturais* estão sujeitas à inevitável desvantagem de compreenderem a natureza exclusivamente do lado *objetivo*, sem se preocuparem com o *subjetivo*. No entanto, neste se encontra, necessariamente, o principal: ele cabe à filosofia.

310

O fato de que, em breve, os vermes roerão meu corpo é um pensamento que posso suportar – mas aquele de que os professores de filosofia irão carcomer minha filosofia! – me dá calafrios.

311

Os homens são intelectualmente deploráveis; no entanto, não conseguem nem querem tolerar nenhuma superioridade. "Que vão ao diabo", disseram todos os grandes espíritos, e ficaram sozinhos.

312

A *morte* diz: és o produto de um ato que não deveria ter existido; por isso, para extingui-lo, tens de morrer.

313

Animais – seres conscientes, que dividem essa enigmática existência conosco.

314

Há duas maneiras de se comportar quanto aos *méritos*: tê-los ou impedir que se imponham.

315

Refletindo bem, descobre-se que, na verdade, tudo *o que passa* nunca existiu de fato.

316

Prooemium in opera omnia [Proêmio às obras completas].
Alicubi [em algum lugar].

Os professores de filosofia tratam-me com frio desprezo, por trás do qual, no entanto, esconde-se o mais ardente ódio, que sempre me esforçarei para continuar merecendo, mesmo no futuro.

Creio que tenho direito ao título honorífico de um *oligografo*, uma vez que esses cinco volumes contêm tudo o que escrevi e constituem todo o produto de meus 73 anos de vida. A razão disso é que eu queria ter absoluta certeza da constante atenção de meus leitores, de maneira que sempre escrevi apenas quando tinha algo a dizer. Se este se tornasse um princípio geral, os livros poderiam encolher bastante.

317

O essencial, aquilo que importa são os *acontecimentos na vida* de todos os homens, porém, antes ainda, esses mesmos homens, os *eidola kai kouphai skiai* [formas enganosas e sombras fugidias; Sófocles, *Ajax*, vv. 125-126], que aparecem. O *mecanismo* que regula tudo isso é o *destino*, o *fatum*, com seu instrumento, a necessidade, isto é, a corrente causal.

318

Um dos principais proveitos do *estudo dos antigos* é que ele nos protege da *prolixidade*, uma vez que os antigos sempre se esforçaram para escrever de maneira concisa e sucinta, e que o erro de quase todos os modernos é a prolixidade, que os mais modernos ainda tentam aperfeiçoar com a supressão de sílabas e letras. Por isso, deve--se continuar o estudo dos antigos por toda a vida, ainda que limitando o tempo dedicado a eles.

Os antigos sabiam que não se deve escrever como se fala; os modernos, ao contrário, chegam à desfaçatez de mandar imprimir até as aulas que deram.

319

O *mundo* é, e é exatamente como se mostra: eu só gostaria de saber quem dele tira algum proveito.